KB097621

김선아

청소년책을 읽고 만들고 고민하는 독자이자 편집자.
충주에서 태어나고 자랐다. 연세대학교에서 사회학과
동양사를 공부한 뒤 출판사에 취직해 지금까지 출판 편집자로
일하고 있다. 15년 넘게 일하며 세 곳의 출판사를 거쳤고,
회사를 옮길 때마다 만드는 책의 분야가 조금씩 달라졌다.
첫 1/3은 어린이 교양서, 그다음 1/3은 성인 인문·사회 분야
도서, 그다음 1/3은 청소년 논픽션을 만들었다.
엄밀히 말하자면 책의 분야가 아니라 독자의 나이가
달라졌다고 할 수 있다. 책의 분야는 계속 인문·사회과학
중심의 논픽션이었지만 독자들의 나이가 8세부터 60세까지
다채로웠다. 그 덕분에 비슷한 지식과 메시지가 서로 다른
연령대에 어떻게 달리 '번역'되는지 체감할 기회가 많았다.
지금은 청소년 논픽션을 주로 만들고 있다.
『라틴아메리카는 처음인가요?』(공저, 2017 사계절 청소년
교양도서 공모전 수상), 『코요아칸에서 태양을 보다』(공저),
『한글』을 썼다.

청소년책 쓰는 법

청소년책 쓰는 법

쉽게 쓰기가 가장 어려운 당신에게
보내는 원고 청탁서

김선아 지음

유유

나와 다른 세대에게 말 거는 일

'영광은 저자에게, 이윤은 사장님에게.'

단행본 출판 편집자라는 직업에 대해 동료들과 가끔 이런 농담을 주고받습니다. 좋은 책을 내면 그에 따르는 영예는 저자에게 돌아가고, 혹시 그 책이 잘 팔리기까지 한다면 이익은 사장님에게 돌아간다는 뜻이지요. 어쩌면 이렇게 따옴표가 적절하게 달려 있고 오탈자는 보이지 않느냐며 편집자의 노고에 감탄하는 사람은 한 번도 못 봤습니다. 편집 일은 마치 방 청소처럼 열심히 할수록 티가 나지 않지요.

책을 낸다는 것은 그런 일상을 거슬러 남의 눈에 띄어야 하는 일이라 고민이 많이 되었습니다. 민망한 마음이 앞서면서도 한편으로는 다들 너무 '숨어서' 일하다 보니, 각자가 쌓은 경험치가 쉬 공유되지 않는다는 점이 안타까워지기 시작했습니다. 출판 편집이란 일은 형체가 뚜렷하지 않고 그 노하우 역시 상당 부분 암묵지의 형태를 띨 수밖에 없어, 개별 편집자들이 시간을 들여 쌓은 노하우들이 슬그머니 사라져 버릴 때가 많습니다.

최근 몇 년간 청소년 교양서를 만들면서 그런 마음이 더욱 커졌습니다. 저는 얼추 15년이 넘는 편집자 생활 동안 3분의 1은 어린이 교양서를, 3분의 1은 성인 인문서를, 3분의 1은 청소년 교양서를 만들었습니다. 그러다 보니 자연스럽게 세 분야를 비교하게 되었고 청소년 교양서에는 그 나름의 독특한 특징이 있다는 것을 발견했습니다. 청소년책을 만들 때에는 대중적인 성인 교양서를 만들 때 깨친 노하우가 유용할 때도 있고, 어린이 교양서를 만들 때 촘촘하게 지면 기획을 하고 일러스트를 활용하던 경험이 도움이 될 때도 있습니다. 그렇게 두 분야를 참고해 만들다 보면 이따금 청소년책만의 고유한 특징들이 불쑥 튀어나오곤 합니다.

그런데 어린이책이나 성인책에 비해 청소년책은 아직 그 특징이나 노하우가 덜 공유된 듯합니다. 서점에 나오는 청소년책들을 보면 만듦새부터 난도까지 다양하지요. 아마 편집자들도 처음부터 청소년책에 뜻을 두고 시작한 사람보다 저처럼 다른 분야를 만들다가 우연히 청소년책을 만들 기회가 생기는 경우가 더 많을 겁니다. 그런 각자의 경험과 관점이 활발히 공유된다면 청소년책을 처음 만드는 이들이 조금 덜 허둥대지 않을까, 조금 더 재미난 책을 만드는 데에 도움이 되지 않을까 하는 마음에 그간 생각한 것들을 기록하기 시작했습니다.

그렇게 시작한 것이, 쓰다 보니 점점 과감해져서는 동료들뿐만 아니라 (예비) 저자들에게 전하고 싶은 이야기까지 담게 되었습니다. 편집자들이 하는 일을 비교적 자세히 적은 것도 그 때문입니다.

나서지 않고 일하는 것을 미덕으로 여기는 직업이기는 하지만, 그러다 보니 편집자들이 정확히 무슨 일을 하는지 모르는 이들이 많습니다. 심지어 퇴근하고 집에 들어갔더니 가족 중 누군가가 "오늘은 몇 권 만들었어?"라고 다정하게 묻더라는 편집자도 있었지요. (이 문장이 성립하려면 '오늘'을 '올해'로 바꾸어야 합니다.)

편집자의 일 가운데서는 대체로 저자가 써 온 원고에서 오탈자를 점검하는 역할 정도만 알려져 있습니다. (아마 만화가에게 편집자를 그려 달라고 하면 여전히 잉크가 옷에 묻을세라 팔에 토시를 긴 채 빨간 펜을

쥐고는 원고지 앞에 앉아 끙끙대는 모습을 그리기가 쉬울 겁니다.) 교정 교열은 편집자의 주요 업무지만, 요즘에는 그것만 하는 편집자는 거의 없습니다. 교정 교열을 할 시간이 없을 만큼 다른 일을 많이 한다고 말하는 것이 정확할 지경이지요. 편집자는 기획부터 마케팅까지 모든 과정에 관여하고, 특히 교양서는 어린이책이든 성인책이든 '출판 기획'의 비중이 매우 큽니다. 저자가 원고를 들고 편집자를 찾아오는 일보다, 편집자가 기획안을 들고 저자를 찾아가는 일이 더 빈번하지요. 일을 과시할 필요야 없겠지만, 적어도 (예비) 저자들이 편집자의 역할 범위를 좀 더 잘 이해한다면 불필요한 오해나 불신이 조금은 줄어들 수 있겠다고 생각했습니다.

무엇보다 큰 꿍꿍이도 하나 있습니다. 청소년책의 몇 가지 매력과 특징을 알려서 좀 더 많은 저자를 청소년책으로 끌어들이겠다는 '야심'입니다. 청소년 논픽션의 집필을 청탁하기 위해 저자들과 미팅을 하는 일이 잦은데, 그때마다 비슷한 이야기를 하게 됩니다. '청소년 논픽션이란 무엇인가'부터 '왜 청소년책을 써야 하나', '얼마나 쉬워야 쉬운 책인가', '시장은 얼마나 큰가'까지 청소년책과 그 시장에 대한 기초적인 이야기들을 먼저 나누게 되는 겁니다. 이 점에서는 책을 낸 경험이 있는 사람이든 아니든 큰 차이가 없습니다. 청소년책이 아직 잘 알려진 분야가 아니라서 그렇습니다.

꽤 많은 사람이 청소년책에 대해 알고 나면 호기심을 느낍니다. 이미 책을 몇 권쯤 낸 적이 있는 저자라면 성인 단행본을 쓸 때 아쉬웠던 것들, 해 보고 싶었던 것들을 조금 다른 방식으로 시도해 볼 수 있겠다는 기대를 품기도 하지요. '왜 이런 분야를 여태 몰랐지?' 하고 무언가 새로운 발견을 한 것처럼 신기해하는 이들도 있습니다.

제가 개별적으로 만나 나누는 이야기들을 더 널리 알린다면, 청소년책을 쓰려는 이들이 좀 더 늘어나지 않을까 소박한 기대를 해 봅니다. 성인책이나 어린이책을 이미 집필한 경험이 있으면서 청소년이라는 새로운 독자를 만나 보려는 이들에게, 또 저작 활동의 시작을 청소년과 함께하고픈 이들에게 공히 도움이 될 만한 몇 가지 이야기를 전하고자 합니다. 그래서 같은 일을 하는 동료들의 시선을 의식하면서도, 글 자체는 (예비) 저자들을 향해 썼습니다. 그런 점에서 이 책은 조금 길게 쓴 '원고 청탁서'에 가깝습니다.

저는 작가도 평론가도 아니므로 작가론이나 작법서를 쓰려는 생각은 언감생심 품은 적이 없습니다. 다만 실무적인 이야기를 해 보려 합니다. 청소년책에 의지가 있는 이들이 담당 편집자와 열 통쯤 이메일을 주고받고 나면, 전보다 훨씬 더 '감'을 잡을 수 있을 겁니다. 원고를 보냈을 때 편집자가 어떤 점을 우려하고 어떤 점을 독려하면서 어떤 점을 개선하자고 제안하는지, 그 이야기를 미리 듣는다면 원고의 완성도도 더 높아질 거예요.

글쓰기에 관한 많은 책이 '다독'을 권하고 그것은 정말 중요한 일이지만, 지금 당장 모니터 앞에 앉아 글을 쓰려는 이들에게는 그만큼 공허한 주문도 없습니다. 미술관을 100곳쯤 돌아다니며 훌륭한 작품들을 섭렵하고 나면, 미술을 보는 안목이 크게 향상될 겁니다. 하지만 제 손가락 끝에서 나오는 그림은 여전히 동그라미에 막대기를 두엇 그은 수준을 벗어나지 못하겠지요. 저는 편집자로서 할 수 있는 이야기를 해 보겠습니다.

글 속에서 제가 만드는 책들을 필요에 따라 청소년 '지식책', '교양서', '논픽션' 등으로 달리 불렀지만 그 뜻은 서로 크게 다르지 않습니다. 모두 청소년에게 필요한 새롭고 흥미로운 지식을 담은 책들, 그런 지식을 바탕으로 사람과 세상을 보는 시야를 넓혀 주는 책들을 일컫습니다. 간단히 '청소년책'이라고 줄여 부르기도 했는데, 그럴 때도 청소년 문학은 포함되지 않습니다.

책을 만들며 떠오른 생각들을 담았지만 뾰족한 정답을 찾은 것은 아니었습니다. 어디까지나 고민의 모음이며 그래서 결국 지극히 개인적인 기록일 수밖에 없습니다. 그저 하나의 참조점이 되기를 바랄 뿐입니다.

1
{ 청소년, 당신은 누구십니까? }

어린이책을 만들던 시절, 저희 팀의 원고를 청탁받은 어느 교수님이 메일의 말미에 이렇게 외친 적이 있습니다. 메일 속 문장이었지만 '소리 없는 외침'이 분명했어요.

"도대체 어린이란 누구일까요?"

도처에 어린이들이 뛰어다니지만, 어린이를 향해 책을 쓰려 치면 이만큼 낯선 존재가 또 없습니다. 직업이 초등학교 교사거나 초등학생 또래 자녀가 있어서 어린이를 일상적으로 접하는 이들이 아니라면, 이들에게 어떻게 말을 붙여야 할지 이들이 어디까지 알고 어디부터 모르는지 도통 감이 안 잡히지요.

청소년책을 쓸 때도 그와 비슷한 상황에 맞닥뜨립

니다. 모니터 앞에 앉아 청소년을 향해 글을 쓰려고 하면 많은 이가 불현듯 막막한 느낌에 사로잡힙니다. 대체 저들은 어떤 생명체인가? 분명 우리 모두 지나온 시기이건만, 청소년기란 마치 전생의 시간처럼 아득해 보입니다.

그에 대한 질문을 여러 번 받으면서 제 나름대로 한 가지 적당한 대답을 찾아냈습니다. 청소년이 누구냐고요?

"독자입니다."

책을 쓰는 사람이 저자라면, 책을 읽는 사람은 독자입니다. 서로가 책을 통해 만나는 이상 내가 저자라면 상대는 반드시 독자가 되어야 합니다. 어린이책이나 청소년책이라고 해서 달라질 수는 없지요. 상대를 독자로 대접하지 않으면 나 역시 저자로 대접받을 수 없습니다.●

이 당연한 사실을 굳이 강조하는 이유는 저자와 독

●출판업계에서 책을 사는 사람을 '독자'라고 부르는 것을 두고 비꼬는 이들도 있습니다. '책 장사꾼'에게 책을 사는 사람이란 결국 '소비자'라는 것이지요. 고객을 굳이 독자라고 부름으로써 그런 냉정한 현실을 감추려 한다는 것이 비판의 요지입니다. 하지만 출판처럼 비교적 오래된 업계에는 대개 소비자 이전에 그들을 부르는 다른 이름들, 서로의 관계를 다르게 규정하는 이름들이 있어 왔습니다. 변호사에게는 의뢰인이, 의사에게는 환자가, 교사에게는 학생이 있지요. 저는 저자와 독자라는 고전적인 호칭을 굳이 버리지는 않으렵니다. '고객님'보다 더 우아한 방식으로 출판의 존재 이유인 둘 사이의 관계를 정확하게 규정해 주니까요. 저자와 독자의 관계가 단지 13,800원짜리 상품을 거래하는 게 전부라면, 출판의 의미는 얼마나 왜소해질까요?

자 사이의 '객관적 거리'가 청소년책에서는 무척 중요하기 때문입니다. 그리고 의외로 많은 사람이 이 사실을 잊기 때문입니다. 청소년책을 쓰는 사람들은 대개 '어른'이지요. 성인을 향해 글을 쓸 때는 상대가 독자임을 한시도 잊지 않는 이들이라도, 청소년을 향해 글을 쓸 때면 갑자기 '저자'에서 '어른'의 입장에 서 버리는 경우가 많습니다. 우리가 청소년을 '학생'으로, 가르쳐야 할 존재이자 미성숙한 존재로 인지하는 데에 익숙하기 때문입니다.

그래서 애써 상대를 '독자'로 호명하지 않으면, 아무리 망치로 내려쳐도 두더지가 끈질기게 고개를 내미는 오락 게임처럼 가르치려 드는 '어른'의 얼굴이 원고 곳곳에서 시시때때로 고개를 내밉니다. 옆집 아이에게 훈계하는 동네 어른처럼 되는 것이지요. 그러면 독자와 저자 사이의 객관적 거리가 무너져서 글이 무척 '꼰대'스러워집니다. 저자는 낯 모르는 독자에게 친한 척(?)하려고 섣불리 다가갈 필요가 없습니다. 적당한 거리에서 자신의 전문성을 바탕으로 하고 싶은 이야기를 꺼내면 됩니다.

책이 더 넓은 세상으로 나아가는 발판이자 새로운 사람과 사유를 만나는 계기라면, 청소년들은 책을 통해 세상 밖에 있는 다양한 사람의 목소리를 들을 수 있어야 할 거예요. 그러니 청소년책 저자라고 해서 굳이 '부모의 마음으로', '교사의 마음으로' 쓰려고 애쓸 필요는 없습니다. 시작은 그런 마음으로 했더라도 글을 쓸 때만큼은 저자가 되어야 하지요. **자신이 상대보다 어른이라는 불필요한 자각은 제아무리 철학적인 이야기라도 잔소리로 만들고 맙니다.** 저자는 그저 저자이기만 하면 됩니다.

청소년 독자의 특징

물론 '청소년 독자'에게는 그들만의 남다른 특징이 있습니다. 청소년을 독자로 명확히 인지하는 데에 성공했다면 그다음에는 이 독자의 특성을 조금 파악해 보면 좋습니다. 청소년 독자는 몇 가지 측면에서 성인 독자와 다릅니다. 질풍노도의 시기라느니 하는 생물학적·사회학적 분석으로 들어가자면 무척 심오해지겠지만, 글쓰기라는 일에 필요한 주요 특징만을 나열해 본다면 이렇습니다.

첫째, '배경 지식'이 별로 없습니다. 경험 지식도, 배워서 아는 지식도 부족합니다. 이유는 따로 없습니다. 아직 어리기 때문입니다. 지식을 축적할 시간이 아직 많지 않았어요. 하지만 '어려서 모른다'고 간단히 생각해 버리면 또다시 '어른'의 탈을 쓴 두더지가 고개를 내밀기 쉽지요. 그래서 저는 배경 지식에 대해 이야기할 때면 외국인에게 역사 이야기를 하는 상황을 가정합니다. 꼭 들어맞는 상황이라고 하긴 어렵지만 모르는 게 당연한 사람, 모른다고 함부로 무시하면 안 되는 사람의 느낌을 조금이나마 전달할 수 있지요.

예컨대 우리나라 현대사, 그중에서도 1970~1980년대에 대한 역사책을 쓴다고 생각해 볼까요? 한국에서 살아온 성인을 대상으로 글을 쓴다면 박정희나 김대중 같은 인물, '한강의 기적'이라 불렸던 경제 성장, 학생 운동, 88올림픽 등에 대해 자세히 설명할 필요가 없을 겁니다. 하지만 외국인에게 설명한다면 다르지요. 당시 누가 우리나라 대통령이었고 얼마나 경제가 발전하고 있었는지, 서울 올림픽은 언제 열렸는지부터 하나하나 시작해야 합니다. 영남과 호남이란 단어를 써야 한다면 그 말들이 어느 지역을 가리키는지부터 설명해야 하지요.

더 중요한 것은, 그 시절을 산다는 것이 어떤 '느낌'인지 잘 모른다는 겁니다. 이는 심지어 40대인 저도 마찬가지입니다. 그 시절에는 계엄령이 자주 내렸다고 하는데, 계엄령이 내리면 뭐가 어떻게 되는지 그 시대를 살지 않은 저로서는 별로 '감'이 오지 않습니다. 경찰들이 갑자기 시민을 막아서고는 무릎 위부터 치맛단까지의 길이를 재는 나라에 산다는 것, 대중가요나 책이 납득할 만한 이유도 없이 금지곡이나 불온 도서로 낙인찍히는 사회에 산다는 것이 어떤 느낌인지 충분히 실감 나지는 않습니다.

배경 지식은 물론 그 배경 지식에서 오는 정서적 공감대가 별로 없다는 것은 청소년 독자의 큰 특징입니다. 그런 점을 생각하고 쓰면 책의 첫 문장부터 달라질 겁니다. 예상할 수 있는 공통의 정서적 기반 위에서 쓰는 것이 아니라, 다소 건조한 상태에서 기초부터 차근차근 설명하게 되겠지요. 혹시 억울하게 희생된 이들에 대한 분노나 슬픔을 이야기한다면 맨 나중에야 조금 드러낼 수 있을 거예요. 그때에 가서야 슬픔의 공감대가 만들어질 테니까요.

청소년 독자의 두 번째 특징은, 이들이 미래의 주인공이라는 것입니다. 즉 현재의 주인공이 아직 아닙니다. 더 거칠게 이야기하면 **이들에게는 이 사회가 이 모양 이 꼴이 된 데에 큰 책임이 없습니다.** 이는 주로 인문, 사회과학 분야의 책을 쓸 때 해당합니다.

이 분야의 많은 책이 우리 사회의 문제를 진단하고 분석하고, 대안을 제시하는 식으로 쓰입니다. 환경오염 문제부터 기후 문제, 이주 노동자나 난민의 인권 문제, 성 차별, 학벌 사회, 비정규직 문제 등 우리 사회에는 해결해야 할 과제들이 산적해 있지요. 청소년들에게도 우리 사회의 문제들을 공유하고, 사회를 보는 시야를 넓혀 주고자 하는 뜻에서 이런 문제를 다룬 청소년책이 많이 출간되고 있습니다.

그런데 사회 문제를 짚어 가는 원고를 읽다 보면, 가끔 묘하게 핀트가 어긋난다 싶은 부분이 있습니다. 주로 일반 시민과 청소년 시민을 구별하지 않고 쓸 때 그렇습니다. 시민의 과제를 이야기할 때는 대개 그 문제를 만든 원인을 밝히면서 이를 여태껏 해결하지 못하고 있는 우리 시민 사회를 비판적으로 바라보게 됩니다. 성인책에서는 그런 식으로 독자를 설정해도 무리가 없습니다. 즉 어떤 문제가 시민의 과제인 한 '어른'인 불특정 일반 시민들을 그 문제를 만든 주체이자 동시에 해결자로서 상정하는 것이 가능합니다. "우리 사회가 이렇게 심각한 '부동산 공화국'이 될 때까지 시민들은 대체 무엇을 해 온 것일까?"라는 식으로 문제를 제기할 수 있지요.

그런데 청소년을 그 '시민' 속에 포함해도 될까요? 청소년도 우리 사회를 구성하는 시민이기는 하지만, 이들은 이미 이렇게 만들어진 사회에 그저 던져진 존재입니다. 이 사회가 이렇게 되기까지 어떤 식으로든 기여한 바가 별로 없습니다. 그런 이들에게 비난의 화살을 돌리는 것은 부당한 일이지요. 그래서 문제의 원인을 제공한 시민 속에 청소년을 넣으면 글이 어딘가 이상해집니다. 그 이상한 느낌이 심해지면 우리의 독자들은 자칫 자신이 이 책의 독자가 아니라고 판단하게 되지요. 이런 함정을 피하려면 『존재, 감』이라는 책에서 김중미 작가가 한 것처럼 말하는 것이 좋습니다.

"제가 이렇게 여러분을 만나러 다니는 이유는 여러분하고 눈을 마주치고 이야기하면서 여러분이 이 세상의 주인이라는 것을 말하기 위해서예요. 어른들이 망쳐 놔서 정말 미안하지만 결국 여러분이 바뀌야 한다는 말씀을 드리기 위해서예요. 우리가 찾을 수 있는 희망에 대해 좀 더 생각해 주면 좋겠어요."

청소년들은 사회를 이렇게 만든 원인을 제공한 것도 아니면서 개선하는 숙제를 결국 떠맡을 수밖에 없는 존재입니다. 그러니 문제를 만든 어른들과는 조금 다르게 대접할 필요가 있습니다. 사회 문제를 이야기할 때는 이렇게 '어른들이 이렇게 만들어 놔서 미안하지만'이라는 전제를 글의 처음부터 끝까지 잔디처럼 펼쳐 놓고 쓰면 좋습니다.

청소년 독자의 세 번째 특징은, 청소년의 스펙트럼이 꽤 넓다는 것입니다. 흔히 중·고교생들, 13~18세를 청소년이라고 규정하지만, 실제로는 초등학교 5, 6학년부터 사춘기가 오고 이들도 청소년책의 주요 독자입니다. 초등 고학년까지 생각하면 독자가 꽤 넓어지는 것 같지요.

그런데 초등 5학년과 고등 3학년을 생각하면 한 무리의 독자처럼 느껴지지 않습니다. 초등학생은 마냥 어린애 같고, 고3은 성인과 별로 다를 바 없어 보이거든요. 그 사이 어디에서 중심을 잡아야 할지 애매하지요. (더 나아가서 청소년의 범위에 대학생까지 넣어야 한다고 생각하는 이들도 있습니다. 특히 대학에서 강의하는 학자들 중에 그런 생각을 하는 이들이 많습니다. 고등학생과 대학생 사이에 경계가 확실하고 문화적 단절도 심했던 이전과 달리, 요즘에는 둘 사이의 지적, 문화적 차이가 별로 크지 않다고 생각하는 겁니다. 게다가 대학생들의 사회 진출이 점점 늦어지고 있지요. 이런 의견까지 고려하면 청소년의 범위는 더욱 넓어집니다.)

청소년책을 쓰는 많은 이들이 '청소년'이라고 하면 고등학생을 상상합니다. 그 이유는 대체로 '상상할 수 있기' 때문일 겁니다. 고등학생은 이제 거의 다 커서 성인과 비슷하게 느껴지지요. 쓸 때도 성인책보다 약간만 쉽게 쓰면 될 것 같고요. 실제로 성인 교양서를 만들 때 많은 출판 편집자들이 "고등학생도 읽을 수 있을 정도로 쉽게 써 주세요."라는 주문을 합니다. 이는 정말로 고등학생까지 책의 독자를 확장하겠다는 의지의 표현일 때도 있지만, 대개는 전문서가 아닌 대중서를 어느 정도까지 쉽게 써야 하는지 설명하기 위해 동원하는 수사입니다. 성인 교양서를 쓰는 저자들은 한두 번쯤 고등학생 독자를 상상해 본 경험이 있을 겁니다.

하지만 '고등학생도 읽을 수 있는 성인책'이 아니라 '청소년책'을 쓸 때는 고등학생 정도를 상상하면 곤란합니다. '거의 다 큰 청소년'을 상상하면 결국 그냥 성인책이 쓰일 때가 많아요. 그러면 중학생 독자와 초등학생 독자를 배제해 버릴 가능성이 매우 높습니다. 그래서 **저는 특별한 이유가 없는 한 중2나 중3을 기준으로 쓰시라고 요청합니다.** 나이로 보아도 중2나 중3은 청소년기의 딱

중간입니다. 한두 살 아래위의 독자까지 포용하기에 적당하지요. 무엇보다 '중학생'은 성인과 비슷하게 느껴지지 않기 때문에 훨씬 더 낮은 연령대의 독자를 상대한다는 긴장감이 들지요. 저는 차마 초등학교 6학년을 상상해 달라고 요청하지는 않습니다. 자칫 어린이책이 될까봐 우려해서가 아니라 현실적으로 많은 성인 저자의 상상력이 초등학생까지 뻗어 나가기 어렵기 때문입니다.

중2와 중3은 실제로 청소년책의 핵심 독자층이기도 합니다. 청소년책을 가장 활발히 읽는 집단이 바로 이 중학생들이지요. 고등학생에 비해 아직 학업 부담은 적고, 어린이책보다는 수준 높은 다양한 주제의 책이 필요해지는 시기이기 때문입니다.

"우리 옆집 중학생은 벌써 어른책을 읽던데요?" 중학생을 기준으로 삼으시라 주문해도, 기어이 이렇게 틈새를 찾는 저자들도 있습니다. 아주 근거 없는 생각은 아닌 것이, 청소년들의 독서 능력이란 천차만별입니다. 중학생 가운데서도 아직 어린이책을 읽는 경우가 있는가 하면, 성인 인문서를 읽는 경우도 있습니다. 주변에서 실제로 독서 수준이 높은 중학생을 만난 일이 있다면 이런 유혹에 빠지기 쉽지요. '저 똑똑한 중학생의 수준에 맞춰서 쓰면 되지 않을까?'

하지만 어른책을 무리 없이 읽을 수 있는 중학생은 정말 극소수입니다. 그래서 이들을 기준으로 쓰게 되면 마치 영재 학교 학생을 위한 수학책을 쓰는 것과 비슷한 일이 됩니다. 독자층이 극도로 축소되지요. 사실상 대중 서라고 하기 어려워집니다. 더 많은 독자에게 읽히는 책이 되려면, 그런 소수의 경우보다는 평범한 중학생 독자들이 이해할 수 있도록 써야 합니다.

그리고 정말 그럴 '능력'이 되는 필자들에게는 한 가지 부탁을 드리고 싶습니다. **"초등학생도 끼워 주세요!"** 초등학교 5, 6학년은 청소년책 시장에서 중요한 부분을 차지합니다. 실제로 많은 청소년책이 이 독자층에 팔리지요. 아이들은 제 나이보다 어린 연령대의 책을 권하면 자존심 상해합니다. 자기보다 권장 연령대가 약간 높은 책에 도전하는 것에 큰 의미를 부여하지요. 꼭 그래서만은 아니고, 초등학교 고학년쯤 되면 많은 수가 본격적으로 사춘기에 접어들기도 해 청소년책에까지 손을 뻗게 됩니다. 이들에게 맞춤한 책이 있다면 청소년책의 독자층이 더욱 넓어질 수 있지요.

하지만 초등학생들까지 감당해 달라는 주문은 아무에게나 드리기 어렵습니다. 의지만으로 쉽게 되는 일이 아니니까요. 전문 지식을 초등학생까지 이해할 수 있게 쓴다는 것은 정말 어려운 일입니다. 그런데 때로 '뼈를 깎는'(?) 노력을 들이지 않아도 자연스럽게 초등학생들까지 품을 수 있는 '능력자'들이 있습니다. 그런 능력은 정말 특별한 것이니 자기 안에서 그런 능력을 발견했다면 절대로 감추지 말고 널리널리 활용해 주시면 좋겠습니다.

2
{ 청소년책, 결국 마케팅 전략? }

청소년책 집필을 제안하면 여전히 많은 이가 이런 의문을 품습니다. 서점에 가면 좋은 책이 많으니 청소년쯤 되면 그중에서 적당한 것을 골라 읽으면 되는데, 출판사에서 굳이 '청소년책'이라는 꼬리표를 달아 파는 것은 결국 마케팅의 꼼수 아니겠나 하는 생각이지요.

이런 의문은 자연스럽습니다. 어린이들은 곧장 성인책을 읽기 어렵다는 것이 너무나 명확하기 때문에 어린이책의 존재 이유에 회의를 품는 사람이 별로 없습니다. 어린이를 위한 별도의 책 영역이 필요하다는 데에 누구나 흔쾌히 공감하지요.

하지만 청소년책은, 청소년이라는 나이가 애도 아

니고 어른도 아닌 그 사이 어딘가를 가리키는 애매한 나이이듯, 그들을 위한 책도 어딘가 애매해 보입니다. 특히 고등학생쯤 되면 그냥 성인책을 읽어도 되지 않나 싶지요. 실제로 많은 고등학생이 일반 성인 단행본을 읽습니다. 학교나 독서 단체에서 정하는 청소년 추천 도서에는 청소년책뿐만 아니라 성인책도 많이 들어가 있고, 온라인 서점의 청소년 분야 베스트셀러 목록을 보아도 청소년책보다 성인책이 더 많습니다. 청소년책 자체가 별로 없기 때문이기도 하지만 실제로 청소년들이 성인책을 많이 읽기 때문이기도 합니다.

출판사에서 어떤 논픽션 원고로 성인 단행본을 만들다가 어느 시점에 타깃을 청소년으로 바꾸는 경우도 종종 있습니다. 처음부터 청소년을 향해 쓴 원고가 아니더라도 난도나 주제에 따라 청소년책으로 만드는 것이 가능할 때가 있지요. 그 반대도 있습니다. 청소년책으로 기획했는데 만들다 보니 성인책으로 더 적합해 보여서 성인 단행본으로 출간하기도 합니다. 이렇게 오가는 것이 가능할 정도로 어떤 성인책들은 청소년책과의 경계가 느슨합니다. 그러니 청소년책을 별도로 만드는 것은 불필요한 일, 그저 출판사의 마케팅 전략에 불과한 일이라는 의심을 품을 만도 하지요. (청소년책의 경계는 어린이책과도 가끔 교차됩니다. 어린이책으로 기획했다가 청소년책으로 내거나 혹은 그 반대의 경우가 종종 있지요. 어린이책과 성인책의 경계가 교차되는 일은 거의 없다는 점을 생각하면 청소년책은 아래위의 경계가 모두 다소 흐릿하다고 볼 수 있습니다.) 그 의심은 틀리지 않습니다. 청소년책은 마케팅을 위한 선택입니다. 출판사들은 청소년들에게 책을 더 많이 팔기 위해 청소년책을 만들기 시작했습니다.

선배 편집자들은 흔히 청소년책 시장이 이렇게 시작되었다고들 이야기합니다. '이른바 386세대가 부모가 되면서 자녀들에게 책을 많이 읽혀 어린이책 시장이 본격적으로 형성되었는데, 그 어린이들이 자라서 청소년이 될 무렵 다시 같은 이유로 청소년책 시장이 형성되기 시작했다'라고요. 이런 '역사'를 생각하면 청소년책 시장은 '독자들이', 혹은 '독자의 부모들이' 만들어 냈다고 볼 수도 있습니다. 그렇다 하더라도 그 수요를 기민하게 파악해 시장 자체를 주도적으로 만든 것은 결국 출판사겠지요. 청소년책이라는 꼬리표를 달아 마케팅을 한 것은 출판사들이니까요.

누가 어떻게 시장을 만들었든 중요한 것은 그 마케팅 전략이 효과가 있다는 것입니다. 그것이 책의 '발견성'discoverability을 크게 높여 주기 때문입니다. 특히 독서 인구는 줄어드는데 출간되는 책의 종수는 오히려 늘어나고, 매체가 다양해졌다지만 신간을 알릴 통로는 정작 줄어드는 요즘에는 양서를 내는 일만큼이나 양서를 발견할 수 있게 하는 것이 출판사의 큰 고민거리입니다. '고민거리'라는 표현은 점잖은 편이고, '생존이 달린 문제'라는 표현이 더 정확할 지경입니다. 그러니 타깃이 비교적 확실한 청소년책들은 좀 더 확실히 식별되도록, 그래서 선택받을 수 있도록 애쓰는 것이지요.

성인과 청소년 모두에게 '발견'되기

그럼 누가 청소년책을 발견해야 할까요? **청소년책 시장은 어린이책 시장과 비슷하게 독자가 이중적입니다. 구매자와 실제 독자가 달라요.** 어린이는 어른처럼 혼자 서점에 들어가 서가를 슥 둘러본 뒤에 마음에 드는 책 한 권을 고른 뒤 값을 치르고 나오는 식으로 책을 사지 않습니다. 서점에 가더라도 부모와 함께 가서 고르고, 또 그보다는 학교나 동네 도서관에 비치된 책을 빌려 읽는 경우가 더 많지요. 독서가 숙제일 때도 많습니다. 이렇게 어린이책은 어른, 즉 부모·교사·사서가 먼저 책을 구매해 어린이에게 건네는 경우가 더 일반적입니다. 어른이 구매하고, 어린이가 읽는 책이라 할 수 있지요.

　청소년책도 사정이 크게 다르지는 않습니다. 실제 독자인 청소년이 직접 책을 사는 경우가 어린이에 비해 많기는 하지만 여전히 어른들이 먼저 책을 사서 청소년에게 건네주는 경우의 비중이 더 큽니다. 그럼 어떤 어른들이 살까요? 청소년 자녀가 있는 부모도 사지만, 더욱 중요한 사람들은 교사와 사서입니다. 이들이 좋은 청소년책을 고른 뒤에 그것을 청소년에게 권하는 경우가 훨씬 많지요. 물론 개인적으로 권한다는 뜻은 아닙니다. 학교와 도서관에서 교과 수업 때 함께 읽을 책, 독서·토론 동아리에서 활용할 책들을 선정하는 것이지요. 그래서 청소년책은 부모·교사·사서 중심의 어른과, 청소년이라는 두 층위의 독자에게 모두 발견되어야 합니다. 굳이 순서를 매기자면 어른에게 먼저 발견되고, 그다음에 청소년에게 한 번 더 발견되어야 하지요.

　먼저 발견하는 어른들의 입장에서 볼까요? 내가 읽을 책이 아니라 다른 이에게 권할 책이니 책을 고르는 데 더욱 신중할 수밖에 없습니다. 주제의 타당성, 글의 난도, 재미, 저자의 신뢰성, 수업과의 연계, 독후 활동 가능성, 교육적 효과 등을 골고루 고려해야 하지요. 그런데 시중에 쏟아져 나오는 수많은 책 가운데서 청소년에게 권할 만한 책을 찾기란 쉽지 않습니다. 제아무리 다독가라 해도 만만한 일이 아닙니다. 자칫 자신의 취향에 국한된 책만 권할 우려도 있지요. 청소년책이라는 꼬리표를 단 책들은 그런 수고를 덜어 줄 수 있습니다. 처음부터 청소년을 주요 독자로 삼아 여러 요소를 고려해서 집필한 책이니까요.

청소년책이라는 분류 덕분에 실제 독자인 청소년들 사이에서도 발견성이 높아집니다. 그 자체로 친근감을 가질 수 있고, 읽기에도 확실히 수월합니다. 일반 성인책에 비해 여러 면에서 청소년들의 호기심과 필요에 부응하려는 노력을 더 많이 한 책이니까요. 대체로 분량이 200쪽 안팎이어서 부담이 덜하고, 일러스트나 사진을 적극적으로 쓰는 등 디자인도 더 청소년 친화적이지요.

무엇보다 청소년들이 자신들만의 독자적인 책을 가질 수 있습니다. 성인책들의 '곁 독자'가 되는 것이 아니라 독자적 취향과 필요를 갖춘 독자로 대접받을 수 있지요. **청소년책이라는 분야를 따로 만드는 데에는 청소년들을 독자적 독자로 온전히 대접하려는 좋은 의지도 담겨 있습니다.** 실제로 청소년책 목록이 꽤 많이 쌓이면서 중·고등학교가 많은 지역의 도서관에서는 청소년책 코너를 따로 만들어 두기도 합니다. 도서관에 어린이 열람실은 따로 있어도 청소년 열람실은 따로 없다는 것만 상기해 보더라도 청소년 별도 코너가 갖는 의미는 작지 않지요.

이렇게 '청소년책'이라는 꼬리표는 이를 구매하고 읽는 두 독자층 모두에게 책의 발견성을 높여 줍니다. 그럼 그런 발견성이 중요할 만큼 청소년책 시장이 클까요?

요즘은 학교와 도서관에서 독서 교육을 꽤 중요시합니다. '한 학기 한 권 읽기'라고 해서 한 학기에 모든 학생이 책 한 권을 함께 읽고 그와 관련된 여러 가지 활동을 하는 프로그램을 진행하기도 하고, 독서 동아리를 활발하게 운영하기도 합니다. 교과서만으로 공부하는 것을 벗어나 다양한 단행본들을 수업에 활용하고 있지요. 청소년들의 책 읽기를 격려하기 위한 독후감 대회도 곳곳에서 열립니다. 학교에서 '작가와의 만남'을 마련하는 일도 왕왕 있어서, 인기 있는 청소년책 저자들은 강연을 1년에 100회 가까이 다니기도 합니다.

학교뿐만 아니라 요즘에는 학원에서도 독서 활동이 점차 활발해지고 있습니다. 토론이나 논술을 대비하거나 창의력·독서력 향상을 꾀하는 학원에서 청소년책을 적극적으로 찾아 읽습니다. 규모가 큰 학원에서 독서 교재로 선택된 덕분에 예정에 없던 증쇄를 진행하는 책이 더러 있지요.

학교는 물론 학원까지 이렇게 독서 교육에 매진하는 데에는 점점 책과 멀어져 가는 아이들에게 읽는 습관을 길러 주어야 한다는 절박감이 있습니다. 이런저런 이유로 학교와 도서관에서 청소년책이 점점 중요해져서 학령 인구 감소라는 명백한 위기 앞에서도 청소년책 시장은 쉬 사그라들지 않고 있습니다.

성인책과 수명이 다른 청소년책

게다가 청소년책 시장의 크기를 생각할 때 고려해야 할 중요한 요소가 하나 있습니다. 청소년책은 수명이 성인책에 비해 꽤 길다는 것입니다. 이는 제가 성인책을 만들다가 청소년 분야로 옮겨 온 뒤 무척 놀란 점입니다. 성인 단행본 수명이 잡지와 별반 다르지 않게 되었다는 한탄이 들린 지는 꽤 오래되었습니다. 출간된 지 1개월에서 3개월 안에 승부가 난다는 것이지요. 그때 반짝 빛을 보지 못하면 그 이상 생명을 이어 가기 어렵다고들 합니다. 과거에는 책의 수명을 최소 5년으로 보았고, 그래서 지금도 출판 계약을 5년 단위로 맺는 것이 일반적이지만 실제로는 5년을 바라보기가 점점 어려워지는 실정입니다.

하지만 청소년책의 사이클은 조금 다릅니다. 출간 직후에는 성인책만큼 화려한 조명을 받지 못하지만, 시장에서 점차 알려지고 청소년 독서 관련 단체나 모임에서 추천 도서로 선정하고, 도서관 사서들 사이에 인지도가 높아지고, 저자 강연 활동을 통해 저자와 독자의 접점이 늘어나면서 조금씩 책의 외연이 확장되기 시작합니다.

이는 청소년책 시장이 다소 보수적인 시장이기 때문입니다. 새로운 것보다 익숙한 것, 검증된 것을 선호한다는 점에서 보수적이지요. 앞서 말했듯 청소년책은 어른과 청소년이라는 이중의 독자 층을 갖고 있는데, 청소년에게 권할 책에 대해 책임감을 느끼는 어른들은 아무래도 아직 정체를 알 수 없는 신간보다는 시간을 통해 양서임이 확인된 도서를 선호하는 경향이 있습니다. '화제의 신간'보다는 '검증된 구간'에 더 높은 점수를 주지요. 그러다 보니 청소년책은 시장에서 인정을 받기까지 시간이 다소 소요되지만, 한 번 인정을 받으면 이후 수년간 꾸준히 선택받는 책이 될 수 있습니다. 좋은 청소년책들은 여전히 수명이 꽤 긴 편입니다.

그런 점에서 제가 의미 있게 생각하는 청소년책의 또 다른 특징은 성인책 분야에서는 점점 맥을 못 추는 이른바 '교양서'들이 청소년 시장에서는 여전히 살아남고 있다는 점입니다. 미술의 이해, 음식의 역사, 철학의 이해, 시 알기와 같이 당장의 이슈나 트렌드를 타지 않는 교양 지식을 담은 책들이 성인책 시장에서는 점차 설 자리를 잃어 가고 있지만 다행스럽게도 청소년책 시장에서는 여전히 생명력을 뽐내고 있습니다. 청소년책 시장에서 1만 부 이상 판매를 기록하고, 지금도 계속 팔려 나가는 책들의 목록을 본다면 꽤 놀라울 겁니다. 교양서들이 여전히 꿋꿋이 버티고 있다는 것을 실감할 수 있으니까요.

청소년책 시장은 전체 도서 시장에서는 틈새시장일 수 있지만, 독자적인 독자가 있는 시장이고 결코 작지 않다는 점에서 출판사의 마케팅이 분명 필요한 분야입니다.

그래도 여전히 청소년책이라는 구분 짓기, 그것을 통한 마케팅을 탐탁지 않아 하는 이들에게는 이렇게 되묻고 싶습니다. "마케팅이 나쁜가요?"

세상에 나오는 모든 책은 마케팅 계획이 있습니다.

출판이 산업이고, 책이 매스미디어인 한 마케팅 전략이 있는 것이 당연하지요. 다른 책들이 마케팅 전략을 세우는 것은 자연스럽게 생각하면서 청소년책에 대해서는 부정적이라면, 그러한 태도는 냉정히 말해 청소년들을 독자적 필요를 지닌 독자로 인정하지 않으려는 시각에서 나오는 것일 수 있습니다.

혹은 책에 대한 고전적인 인식 때문일 수도 있지요. 좋은 책은 세대를 불문하고 두루 읽혀야 한다는 인식이 그것입니다. 그러니 독자의 범위를 미리 금 그어 놓을 필요는 없다는 것인데, 이 생각은 절반만 맞습니다. 사실 어떤 좋은 책은 세대 구분이나 독자 설정이 구태여 필요 없어 보일 때도 많습니다. 신간을 알리는 보도 자료에는 과학·사회·인문·에세이 등 해당 책의 분야를 적는 것이 관례인데 어떤 책들은 분야를 중복으로, 또는 모조리 적고 싶어집니다. 과학 지식을 기반으로 하지만 사회 문제를 다루고 있고, 에세이 형식이라 누구나 편하게 읽을 수 있으면서도 인문의 향기마저 뿜어내는 책들이 정말 있지요. 분야와 분야를 성큼성큼 넘나드니 누가 읽어도 좋겠다 싶습니다. 실제로 베스트셀러가 되려면 통상적인 타깃 독자의 경계를 뛰어넘어, 평소라면 그런 책을 안 읽을 사람들까지 읽어야 합니다.

하지만 베스트셀러의 운명을 타고난 책들도 세상에 처음 나올 때는 핵심 독자, 메인 독자를 향해서 출간됩니다. 그리고 그 독자들을 발판으로 삼아 점차 독자를 확장해 나가지요. (책이 여러 분야에 걸쳐 있다고 해서 정말로 보도 자료에 모든 분야를 다 적었다간 핵심 독자도 못 찾고 제 설 곳을 잃기 십상입니다.) 출판사에서 이른바 '확산 독자'라고 칭하는 이들에게까지 날아가는 것입니다. 좋은 청소년책도 그런 길을 갑니다. 처음에는 청소년들에게 읽히지만 점차 아래위로 뻗어 나가지요. 그러니 청소년책의 마케팅을 다른 책과 다르게 취급할 필요는 없습니다.

3
{ 누가 청소년 논픽션을 쓸까? }

청소년 교양서는 누가 쓸까요? 이상한 질문 같지만 청
소년책을 만드는 동안 이런 질문을 꽤 여러 번 받았습
니다. 그럴 때마다 저는 농담을 섞어서 이렇게 대답하곤
합니다. "쓰고 싶은 사람이 쓰지요."

　사실 청소년책뿐만이 아니라 모든 책이 그렇습니
다. 책 한 권을 쓰는 것은 꽤 지난한 작업이라 쓰고 싶
은 마음 없이는 끝까지 써 내기 어렵습니다. 게다가 작
가나 저자가 되는 데에 무슨 자격증이 필요한 것도 아니
니, 자연스레 쓰고 싶은 사람이 쓰게 되지요. 쓰고 싶은
사람은 또 어떻게든 쓰는 것이 책이기도 합니다. 요즘은
출간의 허들이 예전처럼 높지는 않아서, 베스트셀러가

되겠다는 야심만 내려놓는다면 출간 자체는 그렇게 어렵지 않습니다.

그런데도 사람들은 은근히 자주 묻습니다. 청소년책은 누가 쓰나요? 이런 질문에는 청소년책이 꽤 독특한 분야라는 생각이 들어 있는 듯합니다. 청소년책에 뭔가 독특한 점이 있다면, 앞서 말했듯 이런 분야의 책이 있다는 사실 자체를 아는 사람이 적다는 점일 것입니다.

과거에도 '청소년을 위한 ○○'이라는 형식의 제목을 단 책들이 이따금 나오긴 했지만 청소년책이 서점에서 한 코너를 차지할 만큼 독자적인 분야로 자리 잡은 것은 그리 오래된 일이 아닙니다. '사계절 1318 교양문고', '창비청소년문고'처럼 청소년용 교양서임을 드러낸 시리즈가 기획되고 지속적으로 출간되기 시작한 것, 즉 출판사들이 청소년책이라는 분야를 본격적으로 개척하기 시작한 것도 그리 오래되지 않았지요. 대체로 21세기 초라고 보아도 좋습니다.

이런 사정은 청소년 문학도 비슷합니다. 명확한 기준을 잡을 수는 없지만, 어떤 평론가들은 '청소년 문학'이라는 분야가 널리 알려지고 정착된 시기를 『완득이』가 출간된 2008년으로 보기도 합니다. 그전에도 이따금 청소년 문학이 출간되기는 했지만 이 책이 베스트셀러가 되면서 청소년 문학의 존재가 널리 알려지고 자리 잡기 시작했기 때문이지요.

그렇게 본다면 문학과 논픽션을 통틀어 청소년책의 역사는 이제 20년쯤 된 셈입니다. 그러니 학교에서 문학이든 논픽션이든 청소년책이라는 것을 읽고 자란 이들은 높이 잡아도 30대 이하 세대입니다. 초기에는 그 수가 많지 않기 때문에 지금 30대 가운데에도 어릴 때 청소년책을 별로 읽지 않고 자란 경우가 다수일 것입니다. 많은 이가 청소년책이라는 분야 자체를 생소하게 느끼는 것이 이상하지 않지요. 이런 상황이니 청소년 논픽션을 쓰는 사람은 일차적으로 '그런 책이 있다는 것을 아는 사람'이 됩니다.

청소년 논픽션의 저자들

그럼 누가 알까요? 가장 대표적인 직업군은 교사와 사서입니다. 특히 교사의 경우 요즈음에는 학교에서 같은 책을 함께 읽는 독서 활동을 하는 경우가 많지요. 이들만큼 청소년책을 잘 알고 또 열심히 찾아 읽는 직업은 없을 겁니다. 아예 저자로 나서는 교사들도 있지요.

청소년 논픽션 저자로서 교사의 장점은 여럿 있습

니다. 가장 큰 장점은 청소년이 누구인지 안다는 것입니다. 중·고교 교사들은 매일같이 청소년들과 부대끼다 보니 이들이 무엇을 좋아하고 무엇을 어려워하는지, 아이들 사이에서 요즘 무엇이 유행하고 무엇이 시들해졌는지, 아이들의 가장 큰 고민이 무엇인지 잘 압니다.

학교 교과 과정을 단계별로 다 꿰고 있다는 점도 교사들의 중요한 장점입니다. 꼭 교과 과정을 염두에 두고 쓴 책이 아니더라도 지식을 다루는 논픽션에서 '이 정도 수준의 지식을 현재 어느 학년의 학생들이 소화하고 있는지'를 아는 것은 다른 이들과 결정적으로 차별화되는 점이지요. 또 학교 교과 과정에서 무엇이 부족한지 아는 사람, 정해진 수업 시간에 못다 한 이야기들이 마음속에 쌓이는 사람, 그에 대해 가장 큰 아쉬움을 느끼는 사람도 바로 교사들입니다.

그래서 교사들이 청소년책 저자의 중요한 그룹을 형성합니다. 아이들과 함께한 경험들, 수업 시간에 다못 한 이야기, 교과서에 구애받지 않고 아이들과 나누고 싶은 지식들을 책에 풀어놓지요. 아이들의 지적 수준을 잘 알기 때문에 교사들이 쓴 책은 그리 어렵지 않다는 장점도 있습니다. 많은 교사 저자가 활약하고 있다는 점이 청소년책의 재미있는 특징 가운데 하나입니다.

교사 저자보다 더 많은 수를 구성하는 청소년 논픽션 저자는 전문가 학자 그룹입니다. 요즘에는 성인책이든 청소년책이든 대체로 경량화되는 추세여서, 책 한 권의 분량이 전처럼 묵직하지 않습니다. 그렇더라도 **청소년책 한 권이라고 하면 아주 작은 판형이 아닌 이상 원고지 400~600매가량 원고를 써야 합니다.** 성인 단행본에 비하면 짧지만 절대 분량이 결코 적지는 않지요. 이 정도 분량으로 지식을 풀어 놓을 수 있는 이들은 역시 그 분야의 전문가들이지요. 그래서 청소년책 역시 일반 성인 단행본과 마찬가지로 학자·기자 등 해당 분야 전문가들이 주요 저자가 됩니다.

전문가 저자들은 대체로 출판사의 청탁을 받아서 쓰는 경우가 많습니다. 교사 저자들처럼 청소년책 분야와 친숙하지 않기 때문에 대체로 출판사의 청탁을 받은 뒤에야 청소년책을 검색해 보고 이런 분야에도 도전할지 가늠해 보게 되지요.

그래도 일단 청탁을 하면 생각보다 꽤 많은 사람이 청소년책에 호감을 보입니다. 그 이유는 여러 가지입니다. 전에 성인 단행본을 집필한 적이 있는 저자라면 그간 써 온 책들보다 분량이 다소 적다는 점을 우선 환영하기도 합니다. 그리고 청소년이라는 낯선 독자에게 말을 거는 일에 호기심을 갖지요. 그간 만나 왔던 독자들과는 조금 색다른 독자, 배경 지식은 부족하지만 그만큼 편견이나 고정관념도 비교적 적은 독자들에게 매력을 느끼지요. 책을 쓰는 이들에게 '새로운 독자'란 마치 미지의 대지처럼 호기심을 불러일으키는 존재입니다. 예비 저자에게 청소년 자녀나 조카가 있다면 이 특정한 시기에 책을 통해 간접적으로 그들과 소통할 수 있다는 점에 매력을 느끼기도 합니다. 평소 자녀나 조카에게 들려주고 싶었던 이야기를 이참에 해 볼 수 있지 않을까 기대하지요. 청소년책의 출발점으로서는 이 역시 꽤 유쾌한 시작입니다.

대학생 이상 성인들을 상대로 자주 강의를 하는 저자라면 평소에 만나던 독자들보다 조금 어린 이들에게 이야기를 건네고 싶다는 소망을 내비치기도 합니다. 강의를 하다 보면 '이런 내용을 청소년 시절에 더 많이 알고 오면 좋겠다'는 생각을 하게 되는 것이지요. 중·고등학교 커리큘럼에서는 많이 다루지 않지만 중요하다고 생각되는 지식을 청소년들에게 알려 주고 싶은 경우 자연스레 청소년책 집필에 관심을 두게 됩니다.

우연히 청소년 논픽션의 저자가 되는 경우도 드물게 있습니다. 처음에는 청소년을 염두에 두지 않았는데 쓰고 보니 청소년에게 더 어울리는 원고가 되었다고 느끼는 것이지요. 물론 대체로 그 판단은 편집자가 먼저 내리고 저자에게 제안하게 됩니다. 원고가 쉽고 친절하고 나아가 '교육적이기까지 할 때' 그런 일이 일어납니다. 여기서 '교육적'이라는 것은 학습에 도움이 된다는 뜻만은 아닙니다. 그보다는 성인이 되기 전 청소년기에 읽으면 더욱 좋을 법한 텍스트, 청소년의 지적·정서적 성장에 도움이 많이 되는 텍스트라는 뜻을 포괄적으로 담고 있습니다.

저는 청소년 논픽션을 거칠게 다음의 두 가지로 나누어 생각하곤 합니다.

(1) 청소년이 읽을 수 있을 만큼 쉽고 유익한 교양서
　→ 난도 중심
(2) 청소년기에 읽어야 더욱 의미 있는 교양서
　→ 감수성 중심

지식에 나이 제한이 있는 것은 아니니, 청소년책이라고 해서 꼭 청소년만 읽을 필요는 없습니다. 청소년이 읽을 수 있을 만큼 지식이 쉽게 잘 정리된 책이라면 성인이 읽기에도 수월하지요. 그렇게 **누구에게나 쉽고 유**

익하지만, 특히 청소년이 읽기에 맞춤한 책, 즉 지식의 '난도' 측면에서 결정적인 차별점이 있는 청소년책이 있다면, '감수성'의 측면에서 차별화되는, 그래서 다른 시기가 아니라 꼭 청소년기에 읽으면 좋겠다 싶은 책도 있습니다. 두 책이 큰 차이가 나거나 확실히 구분되는 것은 아니지만 책을 만들다 보면 두 번째 분류의 책, 즉 어른이 되기 전에 읽으면 더 좋겠다 싶은 책이 나타납니다. 굳이 따지자면 (1)과 (2) 중 청소년책으로서 더욱 정체성이 뚜렷한 책은 (2)라고 할 수 있습니다. 이런 책들이야말로 청소년 논픽션의 독자적 존재 이유를 선명하게 드러내 주지요. '쓰고 보니 청소년책이 된' 책들은 바로 그렇게 '청소년기에 읽어야 제맛'인 책들입니다.

제가 만든 책 중에서 꼽아 보자면 최종욱 수의사의 책들이 그랬습니다. 최 수의사의 책을 일반 성인 단행본으로도 만들어 보고 청소년책으로도 만들어 보았는데 어떤 식으로 만들어 내놓든 청소년 독자들에게 많이 팔리고 인기가 있었습니다. 저 역시 청소년들에게 더 많이 소개하고 싶다고 자주 생각했지요.

최 수의사는 야생 동물 700여 마리가 사는 광주 우치공원 동물원에서 20년 넘게 근무한 야생 동물 수의사입니다. 오랫동안 다종다양한 동물들과 부대끼며 지냈지요. 그런 최 수의사가 소개하는 동물원 이야기를 보면 시트콤도 이런 시트콤이 없습니다. 위대하신 호랑이가 모트(함정)에 빠지질 않나, 철모르는 새끼 원숭이가 동물원을 탈출하질 않나 하루도 그냥 지나가는 날이 없지요. 이런 동물들 이야기가 무척 따뜻하고 재미있어서 최 수의사의 글은 처음부터 청소년을 위해 쓴 것이 아님에도 청소년은 물론 어린이에게까지 인기가 많습니다.

일단 쉽고 재미있다는 것 때문에 청소년책으로 좋겠다 싶기도 했지만, 그보다 더 중요한 이유가 하나 더 있었습니다. 원고를 읽다 보면 아직 감성이 여린 10대 시절에 이런 이야기를 통해 생태 감수성을 키울 수 있으면 참 좋겠다는 생각이 자주 들었어요. 어느 작가는 최 수의사를 두고 농담 반 진담 반으로 "영적으로 사람보다 동물에 더 가까운 사람 같다"라고 평하기도 했는데, 이렇게 동물을 잘 이해하는 사람의 이야기를 청소년기에 들을 수 있다면, 동물들을 바라보는 그 따스한 시선을 한 번쯤 목격할 수 있다면, 그를 통해 동물들의 내밀한 속사정을 엿볼 수 있다면, 그 사람은 다양한 생명들과 공존하는 삶에 대해 다르게 느낄 수 있을 겁니다. 이런 경험은 꼭 청소년기에 해 볼 필요가 있다고 생각합니다. 그런 '간접 체험'을 제공하는 것, 그런 체험을 통해 감수성을 함양해 주는 것이 또한 '교양서'의 역할일 테지요.

청소년 논픽션 저자의 마지막 그룹으로, 국내에 많지는 않지만 '청소년 논픽션 전문 저술가'들이 있습니다. 이들은 대체로 청소년책뿐만 아니라 어린이책도 같이 집필하는 경우가 많아서 '어린이·청소년책 저술가'로 불립니다.

청소년 '문학' 분야에는 성인만큼은 아니더라도 이제 적지 않은 작가군이 있습니다. 청소년 문학을 읽고 자란 젊은 작가들 가운데 청소년 소설을 창작하는 경우가 늘고 있지요. 하지만 청소년 논픽션 분야에는 전문 저술가가 여전히 드뭅니다. 국내에서는 『별똥별 아줌마의 아프리카 이야기』 등 '별똥별 작가'로 유명한 과학 저술가 이지유, 『다산의 아버님께』『시인 동주』 등 인물 이야기를 섬세하고 정갈하게 풀어 내는 안소영, 『멋지기 때문에 놀러 왔지』 등 우리 고전에서 이야깃거리를 찾아내는 설흔, 『배낭에서 꺼낸 수학』 등으로 수학의 매력을 어린이와 청소년에게 전하기 위해 늘 고군분투하는 안소정 등이 대표적인 전문 저술가로 손꼽히지요. 어린이와 청소년에 대해 지속적으로 관심을 기울이고, 서술 방식과 톤·난도를 고민하며, 흥미로운 지식과 주제를 발굴하는 등 청소년 교양서의 변화와 흐름을 견인하는 저자들이라 할 수 있습니다. 적지만 이들의 존재가 청소년 교양서의 정체성과 방향성을 만들어 가는 데에 큰 힘이 됩니다.

아마추어리즘의 미덕

청소년 논픽션 저자군은 대략 이 정도로 거칠게 분류할 수 있습니다. 중요한 것은, 앞서 말했듯 책은 역시 쓰고 싶은 사람이 쓴다는 것입니다. 청소년이 누구인지 알아야 쓸 수 있다는 특수성이 있는 분야인 만큼, 청소년을 잘 알면서 이들에게 건넬 이야기가 쌓여 있는 이라면 누구든 한번 도전해 볼 만합니다.

조심스러운 표현이지만, 저는 어린이 교양서를 만들 때 이 분야의 글쓰기란 '아마추어리즘의 미덕'이 잘 발휘될 수 있는 작업이라는 생각을 자주 했습니다. '아마추어'라고 해서 지식을 대충 다루는 사람이라는 뜻은 결코 아닙니다. 특정 학문 분야에서 직업적으로 왕성하게 활동하거나 박사학위를 가진 건 아니지만 그 분야에 대한 지식과 흥미를 충분히 갖춘 사람들, 그래서 자신 있게 지식을 정리하고 전달할 수 있는 사람을 말하지요.

어린이책 역시 청소년책과 마찬가지로 일단 '어린이를 아는 것'이 저자가 갖추어야 할 가장 큰 요건입니다. 1 더하기 1이 왜 2가 되는지 어린이에게 설명하는 것은 수학 박사학위를 받는 것과는 또 다른 과제이지요. 제아무리 필즈상을 수상한 수학자라고 해도 어린이를 위한 수학책을 척척 써 낼 수 있는 것은 아닙니다. 어린이 논픽션 책의 저자 가운데는 해당 분야에서는 '아마추어'라 할 수 있지만, 어린이에 대해서만큼은 '프로페셔널'인 경우가 종종 있습니다. 수학 박사학위는 없지만 어린이를 위한 수학책을 부드럽게 써 내는 작가들, 역사학계의 거장은 아니지만 아이들에게 신라나 조선의 역사를 흥미롭게 이야기할 줄 아는 작가들이 있습니다. 성인책 분야 논픽션은 전문성과 그에 따르는 신뢰성이 주요 요건이 되지만, 어린이책 분야에서는 그 기준이 다소 느슨합니다. '어린이'에 대해 전문가여야 한다는 선행조건이 있기 때문입니다. (초등학교 3학년을 위한 수학책을 준비 중인 편집자라면 "그 저자, 이번에 필즈상 받았대!"라는 소식보다 어쩌면 이런 소식을 더 반가워할 겁니다. "그 저자, 이번에 초등 3학년에 올라가는 딸이 있대!")

아마추어라는 점 자체가 장점이 되기도 합니다. 아

마추어들은 지식을 처음 대할 때의 '상큼한 첫인상'을 여전히 생생히 간직하고 있기 때문입니다. 10년 넘게 한 분야를 연구한 학자들은 맨 처음 그 분야 지식들을 대했을 때 어떤 느낌이었는지, 자신이 어디부터 시작했는지 기억조차 아스라해진 경우가 많습니다. 학계와 가까워진 만큼 대중의 감수성과는 멀어져 있기가 쉽지요. 자신의 지식 가운데 어떤 것이 대중의 호기심을 파고들 수 있는지, 어떤 것이 학계를 넘어 대중적으로도 의미 있는지를 포착하는 감각이 무뎌져 이른바 '전문가의 함정'에 빠질 수도 있지요. 하지만 아마추어들은 전문가들보다 지식을 좀 더 낯선 눈으로, 그 책을 읽을 독자와 비슷한 시선으로 바라볼 수 있습니다. 그런 말간 감각으로 지식을 선별하고 전달하며 더욱 흥미로운 책을 쓸 수도 있지요. 어린이책에서는 지식을 아주 깊은 지점까지 다루지는 않기 때문에 이런 장점이 빛을 발할 여지가 많습니다.

청소년책은 어린이책보다는 좀 더 많은 분량으로 좀 더 깊이 있게 지식을 다룬다는 점에서 어린이책만큼 '아마추어리즘의 미덕'을 발휘하기가 어렵기는 합니다. 하지만 이 분야 역시 '청소년'에 대해 알아야 한다는 과제가 선행하는 분야이기 때문에, 청소년을 잘 알고 한 분야에 대한 지식이 풍부하다면 한번 도전해 볼 만합니다. 요즘에는 웬만한 전문가 못지않은 '덕후'들도 많고 책의 주제 분야도 다양해지는 만큼 청소년책에서도 좀 더 많은 이가 활약하면 좋겠습니다.

4

{ '습니다체'가 좋을까, '했다체'가 좋을까? }

'습니다체'와 '했다체'를 올바르게 표현하자면 경어체와 평서체(형)라고 해야 할 겁니다. 하지만 이렇게 표현하면 한 번에 딱 소통이 안 될 때가 많습니다. '습니다체'와 '했다체'라고 말하면 거의 모든 사람이 직관적으로 이해하지요. 어미에서 많은 것이 결정되는 우리말의 핵심 특징을 관통하는 재미난 표현이라, 저도 말로 대화할 때는 자주 이런 표현을 씁니다. ("작가님, 이번 책은 '습니다체'로 쓰시면 어떨까요?")

요즘에는 성인책에서도 '습니다체'를 쓰는 경우가 많습니다. 전에는 강연집(강의록)처럼 말로 한 강의를 엮은 책에서나 주로 볼 수 있었지만, 요즘엔 그런 특별한 경우가 아니더라도 종종 처음부터 '습니다체'를 구사하지요.

어떤 저자들에게는 '습니다체'가 훨씬 편하게 느껴지는 듯합니다. 저자 가운데는 대학에 몸담고 있는 교수나 학자가 많은데, 강의하듯 글을 쓰면 글이 좀 더 쉽고 편안하게 나오는 모양입니다. 그래서 책에서 쓰는 경어체는 사실상 '강연체'라고 보아도 무방합니다. 막연한 독자를 향해 예의를 갖추며 경어를 쓴다기보다는, 강의실이나 강연장 같은 익숙한 공간에서 예상할 수 있는 청중을 상상하며 강연하듯 글을 쓰는 것에 더 가깝기 때문입니다.

어느 집인들 그렇지 않았겠습니까만, 어렸을 때 저희 집은 경제적으로 그리 여유 있는 편이 아니었습니다. 시장에 갔다가 몇백 원 오른 가격 때문에 꽁치를 들었다 놓길 거듭하시던 어머니의 모습이 지금도 눈에 선합니다.

저자 곽한영이 고서점에서 수집한 고전 동화들에 관해 쓴 『피터와 앨리스와 푸의 여행』은 이렇게 시작됩니다. 마치 강연장에 있는 것처럼 저자의 목소리가 생생

하지요. 개인적인 이야기로 말머리를 꺼내는 것도 자연스럽습니다.

물론 '습니다체'라고 해서 꼭 강연하는 느낌만 나는 것은 아닙니다. 때로는 사적인 자리에서 친한 사람에게 속삭이듯 말하는 느낌이 들기도 하지요. 글에 친근감 혹은 서정성을 부여하고 싶을 때에도 '습니다체'는 무척 효과적입니다.

지금 생각해 보면 저는 안데르센의 동화에 빚진 게 많습니다. 최초의 아름다움, 최초의 윤리 같은 거죠. 엄지 공주가 누워 자던 호두 껍질 침대, 장미 이불, 제비꽃 담요, 그리고 또 벌거벗은 임금님이 입었던 거미줄로 짠 옷감. 이런 것은 제 누추한 머리로는 상상할 수가 없는 것이었죠. 『인어 공주』를 읽지 않았다면 목숨을 거는 사랑에 대해 몰랐을 테고 『미운 오리 새끼』를 읽지 않았다면 고생이 끝난 후에 찾아오는 기쁨에 대해서 한참 뒤에 알았겠지요.

─정혜윤, 「최초의 아름다움, 최초의 윤리에 대하여」, 『다시 동화를 읽는다면』(반비, 2014), 13쪽.

요즘에는 '습니다체'를 더 편하게 여기는 이들이 점

점 많아지는 듯합니다. 이는 인터넷의 영향이 아닐까 싶어요. 포털 사이트의 댓글 창이나 페이스북과 같은 SNS 서비스, 무엇보다 카카오톡 등의 메신저 프로그램에서 '말을 쓰는' 경우가 많으니, 글도 말하듯 쓰는 것이 점점 더 자연스럽게 느껴지는 것 같습니다. 글이 급속도로 말을 닮아 가고 있으니, 인터넷 덕분에 진정한 언문일치가 이루어지는 것일까 하는 생각이 들기도 합니다. 그런 글에 점점 익숙해지다 보니 '했다체'로 쓸 경우, 글이 괜스레 묵직하고 건조해 보이는 경향마저 있습니다(그런 느낌 때문에 저도 지금 이 책을 '습니다체'로 쓰고 있습니다).

그래서인지 청소년책을 쓰기로 마음먹은 뒤에 많은 사람이 어떤 '체'로 써야 할지 고민을 합니다. 평소처럼 '했다체'로 쓰려니 청소년책치고 너무 딱딱해지는 것 아닌가 하는 걱정이 앞서는 겁니다. 그런 경우 저는 고민 없이 '습니다체'로 쓰시라고 권합니다. 가장 큰 이유는 앞서 말한 저자와 독자 사이의 객관적 거리 때문입니다.

'습니다체'로 쓸 경우, 글이 좀 더 공손해지는 경향이 있습니다. 문체의 효과란 미묘하고도 강력해서 단지 어미를 바꾸었을 뿐인데 어미만이 아니라 저자의 태도까지 바꾸어 냅니다. 앞서 청소년을 독자로 대접해야 한다고 강조했는데, '습니다체'를 쓰면 그 과제가 자연스럽게 해결되기도 합니다. 상대에게 존댓말을 쓰면 어렵지 않게 객관적 거리를 확보할 수 있지요.

글이 좀 더 쉬워지는 효과도 있습니다. '말하듯' 글을 쓰다 보면, 자연스럽게 농담이나 너스레를 떨기도 합니다. 청소년책에서는 그런 농담들이 '쉼표' 역할을 훌륭히 해 주곤 하지요. 문장 사이사이 빈틈 없이 지식이 빽빽하면 읽는 사람이 쉬엄쉬엄 가기가 어렵습니다. 지식을 성인책에 비해 좀 더 느슨하게 풀어내야 하는 청소년책에서는 쉼표가 더욱 긴요한데 '습니다체'에는 쉼표가 더 잘 스며들 수 있지요.

물론 이 두 가지 효과는 쓰기에 따라 '했다체'에서도 얼마든지 발휘할 수 있습니다. 그러니 '했다체'가 더 익숙하다면 굳이 '습니다체'로 바꾸느라 애쓸 필요는 없습니다.

반말에 반대하는 이유

앞에서 말한 두 가지 효과가 있더라도 '했어체', 즉 반말로 쓰는 것은 저는 단호히 반대하는 입장입니다. 어린이

책이나 청소년책 가운데는 반말로 쓰인 책이 꽤 있습니다. 특히 어린이책에 더 많지요. 눈에 보이지 않는 저자와 책이라는 매체를 아직 낯설어할 어린 독자들에게 친근하게 다가가기 위한 방책입니다. 저자가 스스로 이모나 삼촌이라고 칭하면서 "삼촌이 아프리카에 다녀온 이야기를 들려줄게"라는 식으로 쓰기도 하지요. 어린이책에서는 그런 전략이 얼마간 효과가 있지만 청소년책에서는 득보다 실이 많습니다.

청소년들은 더 이상 저자라는 존재를 낯설어하지 않습니다. 책을 매개로 만나는 관계에도 익숙하지요. 그래서 저자가 이모나 삼촌을 참칭(?)하며 부러 친한 척할 필요가 없습니다. 그리고 무엇보다 **청소년쯤 되면 '어른 대접'을 해 줄 필요가 있다고 생각합니다.** 아직 어른은 아니라지만, 더 이상 어린이도 아니니까요. 청소년에게 반말을 하면서 그들을 어른 대접하기는 쉽지 않을 겁니다.

물론 청소년책에서 반말을 쓰는 이들이 청소년을 무시해서 그런 것은 결코 아닙니다. 그보다는 자신이 실제로 아는 청소년을 핵심 독자로 설정하고 글을 쓰는 것이 수월하기 때문일 경우가 많습니다. '아빠가 들려주는 과학 이야기', '선생님이 들려주는 역사 이야기' 등의 형식을 취해서, 즉 청소년 자녀를 둔 아빠·엄마 입장에서 혹은 청소년을 가르치는 교사 입장에서 글을 쓰면 독자가 더욱 구체화되니 글을 시작하고 이어 나가기가 한결 쉬워집니다. '청소년이란 누구인가?'라는 중대한 의문을 해결해야 하는 이들에게 실체적인 독자 대상이 있다는 것만큼 위안이 되는 것도 없습니다. (때로는 '과거의 나 자신'을 소환하는 사람도 있습니다. '내가 청소년일 때 이런 책이 있었다면 참 좋았겠다' 하는 마음이 집필 동기가 되는 것인데, 책의 난도나 목적을 정할 때 이역시 꽤 유용합니다.)

이는 논픽션이 문학과 조금 다른 점이기도 합니다. 전에 만났던 한 동화 작가는 작품 속 등장인물들의 이름을 지을 때 '세상에 있을 법하면서도 실제로는 없을 것 같은 이름'을 찾기 위해 고심한다고 했습니다. 아직 픽션과 현실을 잘 구별하지 못하는 아이들이, 혹여나 동화 속에서 나쁜 짓을 하는 인물의 이름과 자기 이름이 같을 때 상처를 받을까 봐 그런 것이지요. 같은 이유로 자식의 이름이나 자식 친구의 이름도 빌려 쓰지 않는다고 했습니다. 그만의 작가 정신이지요.

지식을 전달하는 논픽션에서는 내 아이든 조카든, 아이의 친구이든 구체적인 독자 대상을 상대로 글을 써나가는 것이 효율적이라면 그런 방식을 활용해도 좋습니다. 지식책에서는 누구를 주인공으로 삼든 상처받을 일이 별로 없고, 대체로 즐거운 사건으로 여길 겁니다. 이는 때로 중요한 집필 동기가 돼, 많은 청소년책 저자가 '내 아이에게 들려주고 싶은 이야기'를 쓰고 싶어 원고 집필에 착수하곤 하지요. "아이가 중학교를 졸업하기 전에, 아이 학교 도서관에 내 책이 꽂히면 좋겠다"라는 소박한 바람을 이야기하는 이들도 있고요. 이런 바람이 집필을 결심한 주요 계기일 경우, 자연스럽게 내 아이에게 말하듯 반말투로 원고를 쓰게 되지요.

하지만 최초의 집필 동기가 무엇이든 책의 궁극적 독자는 '내 아이'나 '내 아이의 친구'가 아니라 저 멀리 있는 '독자'입니다. 시작이 내 아이였다 하더라도, 끝마저 내 아이여서는 안 됩니다. '부모의 마음'으로 음식을 만들겠다고 결심한 식품 회사 연구원이라도, 자기 아이가 딸기 맛을 좋아한다고 해서 그 회사에서 나오는 모든 음식에 딸기 맛을 첨가하지는 않을 겁니다. 동기는 동기이고, 식품 개발이라는 실질적인 업무에서는 전문가로서 다양한 사람의 입맛과 취향을 생각해야 합니다.

반말로 글을 쓰게 되면 아무래도 그런 균형을 잡기가 쉽지 않습니다. 처음 생각한 한두 명의 독자에게 계속 시선이 머물 우려가 높습니다. 불필요한 곳에 딸기 맛을 넣는 실수를 하기가 쉽지요. 반말의 친근함을 한껏 살린 성공적인 도서의 사례들이 없는 것은 아니지만 반말을 써야 하는 특별한 이유가 없다면, 또 청소년책 집필 경험이 많지 않다면 반말로 문장을 종결하는 것은 피하기를 권합니다. 이는 청소년 독자를 독자적 존재로서 존중하는 마음을 표현할 수 있는 한 가지 방법이 될 수 있습니다.

5
{ **개념어 없이 개념을 설명합시다** }

청소년책은 무조건 쉬워야 합니다. 이들은 성인보다 지식이나 독서 경험이 적기 때문에 무조건 쉽게 써야 합니다. '무조건'이라는 말을 두 번이나 써서 강조한 것은 그것이 정말 중요하기 때문입니다. **청소년들은 아직 살 날도 많고, 읽을 날도 많습니다. 어려운 책은 나중에 읽어도 됩니다.** 좀 더 지식이 쌓이고 경험이 쌓인 뒤에는 같은 책도 지금처럼 어렵게 느껴지지 않을 겁니다. 그래서 책을 만들고 청소년책이라는 꼬리표를 달기까지 제가 반드시 해결하고자 하는, 또 해결해야만 하는 한 가지 질문은 바로 이것입니다.

'이 책을 꼭 지금 읽어야 할까?'

청소년책이라고 하면, 어린이나 성인이 아니라 꼭 청소년일 때 읽으면 좋겠다고 골라 놓은 것이라고 할 수 있습니다. 세상에 좋은 책이 많다지만 대체로는 천천히 나중에 읽어도 무방합니다. 어려운 책은 특히 더 그렇지요. 아직 어린 독자에게 어려운 책을 굳이 건네는 것은 '선행 학습'을 시키는 것과 비슷합니다. 무리한 선행 학습은 지적 소화불량을 일으키기 쉽지요. 그러니 나중이 아니라 꼭 지금 읽어야 한다고 내세우려면 청소년이 무난히 읽을 수 있을 만큼 쉬워야 합니다.

어떤 책에 청소년책이라는 꼬리표가 달려 있는데 막상 읽어 보니 어렵다면 독자인 청소년들이 느끼는 배신감이 크겠지요. 성인책인 것을 알고 읽을 때는 조금 어려울지 모른다는 마음의 준비를 하지만, 청소년책이라고 되어 있으면 그만큼 난도에 대한 기대치가 높아지기 마련입니다. '쉽다'는 것은 청소년책이 갖추어야 할 첫 번째 미덕입니다.

그런데 '쉽다'는 것의 기준이 사람마다 다른 것이 문제입니다. 특히 성인 단행본 집필 경험이 있는 학자들은 평소에 쓰던 것보다 훨씬 쉽게 썼다고 하는데도 여전히 글이 어려운 경우가 많습니다. 그런 저자들에게 그냥 원고가 어렵다고만 하면 서로 오해만 쌓이기 쉽지요.

'쉬운 글'에 대한 고민을 반복하면서 제가 임기응변하듯 찾은 답이 하나 있습니다. 당연한 말 같지만 **글이 쉬우려면 일단 '어려운 단어'가 없어야 합니다.** 이는 글을 쉽게 쓰는 가장 단순한 요령 가운데 하나입니다.

개념어를 절제하기

'문화 상대주의', '다문화주의', '세계화' 등의 이슈를 다루는 어린이 교양서를 청탁했을 때의 일입니다. 어린이 책에 처음 도전한 저자는 이런 고충을 토로했습니다.

"개념어를 쓰지 않고 개념을 설명하는 것이 가장 어렵네요."

어린이나 청소년을 향해 지적인 글을 쓸 때 많은 저자가 처음 대면하는 난점이 바로 이것일 겁니다. 이미 학계에나 대중적으로나 자리 잡은 수많은 개념어들, 즉 '신자유주의', '자본주의', '감정 노동', '산업혁명', '민주주의' 등 특정한 현상이나 시스템을 정확히 일컫는 그 단어를 쓰지 않고 그 현상을 설명해야 한다는 것은 정말이지 당혹스러운 일입니다. 성인 단행본에서도 개념 정의를 먼저 명확히 한 뒤에 글을 전개하는 경우가 종종 있지만, 이는 대체로 일반적으로 통용되는 뜻과 학문적 정의가 다를 때 그 간극을 밝히고 메우기 위함이지 그 단어 자체를 회피하기 위해서는 아닙니다. 하지만 청소년책에서는 가능한 한 개념어를 피하는 것이 중요한 과제로 등장합니다.

추상적이어서 어려운 개념어는 생각보다 많습니다. 대체로 한자어들이지요. 한자어 중심의 개념어들은 글을 효율적으로 쓸 수 있게 해 주지만, 그만큼 생각도 압축되어 버려서 글이 어려워집니다. 어린이책을 만드는 편집자 동료는 원고에 등장한 '수산 시장'이라는 단어를 고민 끝에 '생선 시장'으로 교열한 적이 있습니다. '수산 시장', '수산물' 같은 단어도, '고등어'나 '명태'와 비교하면 꽤 추상화된 단어지요. 그래서 수산물 대표인 생선을 떠올리는 대유법적인 발상으로 대처했습니다.

청소년책에서는 수산 시장 정도는 괜찮을 겁니다. 하지만 여전히 생선 시장을 떠올리려는 노력이 필요한 단어가 많습니다. '고치다'라는 단어를 한번 볼까요? 언젠가 작가 고종석이 언급했듯 우리말에는 고친다는 뜻을 가진 개념어·한자어가 상당히 많습니다. 개혁하다, 개조하다, 개선하다, 개고하다, 개정하다, 수선하다, 수리하다, 치료하다, 치유하다 등은 모두 무언가 고친다는 뜻을 품고 있습니다. 물론 그 뜻은 정확히 똑같지 않고,

각 한자어는 더 구체적인 맥락에서 섬세하게 대상을 규정하여 우리의 표현력을 높여 줍니다. 이런 모든 단어를 포기하자면 글이 무척 앙상해지겠지요.

하지만 일부를 양보하는 것은 가능합니다. **한 문장에 개념어가 너무 많이 등장할 때, 더 쉬운 단어로 바꾸어도 의미의 손실이 매우 적다면 구태여 어려운 단어를 쓸 필요가 없습니다.** 실제로 교정 교열을 할 때, 저는 청소년책에서뿐만 아니라 성인책을 만들 때도 학술서가 아닌 대중서라면 어려운 표현을 쉽게 바꾸는 작업을 꽤 많이 합니다. 더 쉬운 단어로 바꾸어도 문장에서 별로 잃는 것이 없는 경우가 적잖기 때문입니다. 성인들은, 특히 학자들은 정말 필요해서라기보다는 그저 그 단어가 익숙하고 습관이 되어서 쓰는 일이 더 많습니다. 좀 더 쉬운 단어를 찾는 노력만 기울여도 훨씬 더 친절한 책이 될 수 있지요.

쉬운 표현을 찾기가 어려울 때는 국어사전을 활용해 보면 좋습니다. 이는 번역가들이 더 나은 표현을 위해 계속 사전을 뒤적이는 것과 비슷합니다. 국어사전의 뜻풀이에는 뜻이 같은 더 쉬운 단어가 많이 나오니, 어렵지 않게 대체할 표현들을 찾을 수 있을 겁니다.

그런데 쉬운 표현을 강조하다 보면, 그럼 어려운 단

어는 가능한 한 모두 빼야 할까 하는 고민에 빠지기도 합니다. 이는 어린이·청소년책을 만드는 편집자들도 어느 수준까지 단어의 난도를 낮추어야 할지 고심합니다. 여기에는 정답이 없고 원고마다 경우가 달라서 그저 편집자의 '감각'에 의존할 수밖에 없는 것이 현실이기는 합니다. 저 역시 가끔 한자어가 많지만 그 덕분에 고아한 글맛을 선사하는 원고를 만날 때면 구태여 쉽게 고치지 말고 그대로 내고 싶다는 마음 때문에 갈등하곤 합니다.

'얼마나 쉬워야 할까'가 고민될 때면 저는 두 가지 원칙을 적용해 봅니다. 첫째는 독자들이 새로운 표현을 익힐 기회를 아예 차단해서는 안 된다는 것, 둘째는 어려운 단어는 문맥상 유추가 가능해야 한다는 것입니다.

청소년책이라고 해서 전체를 청소년이 알 법한 단어로만 구성한다면 청소년들은 새로운 어휘를 익힐 기회를 얻지 못합니다. 독서는 어떤 책이든 그 자체로 국어 실력을 향상시키는데, 그런 역할이 청소년책에서는 더욱 중요합니다. 그러니 억지로 모든 단어를 쉽게 만드는 것은 가능하지도, 바람직하지도 않습니다. 어느 정도는 독자들이 '도전'할 수 있게 두어도 좋지요.

그럼 어떤 단어를 그대로 두어야 할까를 고려할 때,

저는 앞뒤 문맥상 뜻을 유추할 수 있는지를 살펴봅니다. 한번은 여행책을 만들면서 '염천과 죽음의 길'이라는 표현을 만났습니다. 한여름에 길 위에 사는 야생 동물들을 찾아 떠난 저자가, 푹푹 찌는 더위 속에서 길가에 널브러진 각종 곤충들을 목격하는 대목에서였지요. 청소년 책에서 염천이란 단어를 그대로 둘지 고민이 되었습니다. 염천은 '무척 더운 날씨', '찌는 듯한 더위' 정도로 쉽게 풀어 쓸 수 있습니다. 대체 표현을 구하기는 어렵지 않지만 그렇게 하면 문장의 리듬감이 깨져 버리지요. 다행히 이 문장의 앞뒤로 무지막지한 더위 속을 걷고 있다는 것이 실감 나게 묘사되고 있어서, 염천의 뜻을 짐작하기가 어렵지는 않아 보였습니다. 그래서 이 단어는 그대로 두기로 결정했지요.

처음부터 쉽게 쓰는 것이 잘 안 된다면 퇴고할 때 더 적극적으로 다듬어 보아도 좋습니다. 일단 초고는 최대한 개념어를 피해서 써 보고, 퇴고할 때 개념어들을 다시 평범한 표현들로 한 번 더 '번역'해 보는 겁니다. 그런 과정에서도 꼭 살아남아야 하는 표현들이 있다면 앞뒤 문맥에서 어느 정도 뜻을 짐작할 수 있는지 살펴봅니다. 이 작업만 한 차례 진행해도 글은 두세 배 쉬워집니다.

인간의 경험을 중심으로 생각해 보면, 개념어를 쓰지 않는 일이 그렇게까지 어렵지 않을 수도 있습니다. 경험이 먼저 있고 해석과 정의와 고도의 개념화는 그다음에 오지요. 결코 거꾸로 될 수는 없습니다. 그 개념어가 말하고자 하는 인간의 경험이 무엇인지를 떠올려 보면 설명하기가 조금 쉬워질 수 있습니다.

메시지는 한 번에 한 가지만

어려운 단어를 풀어쓰는 정도로 난도가 충분히 내려갈 수 있는 글이라면, 사실 일이 비교적 간단한 편이라고 할 수 있습니다. 그보다 더 어려운 과제는 문장 자체가 추상적일 때, 문장으로 표현하고자 하는 내용이 추상적일 때 발생합니다. 이를 쉽게 다듬기 어려운 이유는 애초에 그 문장의 추상성이 그를 통해 전하고자 하는 메시지의 추상성에서 기인했기 때문입니다.

이 경우는 문장 속의 추상적인 단어를 풀어 쓰는 것만으로는 한계가 있고, 다른 방식으로 보완해야 합니다. 우선 한 번에 꼭 하나의 메시지만 전달하는 겁니다. 추상적인 문장들은 흔히 하나만 나오는 것이 아니라 줄줄이 등장하기 때문에 문단을 통째로 이해하기 어려운 경우가 많습니다. 한 문단 전체가 이해 안 된다면 많은 사람이 그 지점에서 독서를 포기할 거예요. 추상적인 문장을 추상적인 문장으로 뒷받침하면 독자는 길을 잃기 쉽습니다. 그러니 **추상적인 문장 자체를 포기할 수 없다면, 가장 중요한 하나만 남기고 나머지는 버리는 과감한 전략을 취해야 합니다.** 버리는 것을 아까워할 필요는 없습니다. 식탁에 음식을 많이 차려놓아 봐야 어차피 먹는 사람은 다 소화시키지 못하니까요. 정확히 전달되는 하나의 메시지, 그것이 가장 중요합니다.

하나의 메시지를 선택했다면, 그것을 구체적인 문장으로 '백업'해 줄 필요가 있습니다.

"운전면허를 따려면 먼저 필기시험을 치러야 합니다. 2종 보통 면허의 경우 100점 만점 중에 60점을 넘으면 합격이에요. 60점만 넘으면 그다음은 모두 똑같다는 것이죠. 이런 시험을 치르는데 70점이나 80점이 아니라 꼭 100점을 맞겠다고, 한 문제도 틀리지 않겠다고 문제집을 서너 개씩 사서 밤새워 공부할 필요가 있을까요? 몇 개는 틀려도 됩니다. 바로 그런 마음을 가져보는 거예요."

정신건강의학과 의사 하지현은 『열 가지 당부』라는 책에서 '불안' 혹은 '번아웃'이라는 손에 잡히지 않는 감정 상태를 다스리는 마음가짐을 설명하기 위해 운전면허를 예로 들었습니다. 만약 이 책에 이런 예시 없이 아래와 같은 문장만 있었다면, 이 책은 지금처럼 쉽게 읽히지 않았을 겁니다.

"상황에 대한 평가는 제대로 했지만 과잉 반응을 해서 위험에 대응하려고 하는 것, 이것을 '불안'이라고 부릅니다."

메시지가 어렵고 고차원적일수록 그것을 도와주는 구체적인 일화와 사례, 비유를 많이 제시할 필요가 있습니다.

의미 없는 좋은 말, 납작한 감정을 피하기

쉽게 쓰려고 할 때 한 가지 조심할 것이 있습니다. 쉽게 써야 한다는 '스트레스' 때문에 오히려 글이 맥없어지는 경우가 있지요. 설명하고자 하는 현상이나 지식 속으로 돌진하는 대신 입구에서 주저앉아 버리는 경우에 그렇습니다. 구체적인 방법이나 전략에 대한 고민을 생략한 채 다짜고짜 "환경은 중요하니 우리 모두 함께 지켜요" 라고 마무리 짓는다거나, 성별 갈등 문제의 원인이나 양상을 깊이 파고들지 않고 "서로 사이좋게 지내야 한다" 라고 메시지를 뭉뚱그려 버리는 겁니다. 그래서야 글이 무척 공허해지지요.

저는 이런 말들을 '의미 없는 좋은 말'이라고 부릅니다. 틀린 말은 아니나, 와 닿지도 않고 그래서 설득력도 별로 없는 공허한 말에 가깝기 때문입니다. 이런 말이 많은 글은 돌진해서 어떻게든 설명하고자 애쓴 글보다 훨씬 재미가 없습니다. 어떤 면에서 이런 태도는 "너는 아직 몰라도 돼"라고 말하는 것과 비슷합니다. 은연 중에 독자를 무시하는 불성실한 태도이지요.

감정이나 정서를 표현할 때도 그런 실수가 자주 일어납니다. 예컨대 2차 대전의 참혹함이나 안네 프랑크의 일화를 소개하면서 이때 사람들의 감정을 단지 '슬펐다', '안타까웠다'는 정도로 설명하고 마는 것입니다. 그래서는 정서가 제대로 전달될 리 없습니다. 어린이 대상 책이라면 몰라도, 이제 사춘기를 지나며 감정의 복잡한 분화를 겪고 있고 역사적 사건을 겪어 내는 사람들의 정서에 대해서도 조금씩 공감대를 넓혀 가야 할 청소년들을 향해 일차원적 감정만을 소개하는 것은 곤란합니다. 다양한 감정의 섬세한 결을 보여 주고 이를 존중하는 마음을 키워 내는 것은 비단 문학의 역할만은 아니에요. 논픽션도 결국 사람에 관한, 사람을 향한 이야기인 만큼 사람의 감정을 최대한 표현하고 설명할 필요가 있습니다.

어느 아메리칸 경야에서 한 아버지는 떠나갈 아들에게 같이 춤 한번 추자며 이렇게 말했다고 한다. "자, 아들아, 일어나서 이리 오렴. 춤을 추면서 아비 얼굴을 잘 봐 두려무나. 이것이 우리가 함께 추는 마지막 춤일 테니." 그 말에 너나없이 눈물이 그렁그렁 차올랐다.
밤새워 송별회를 하고 아침이 되면, 마지막으로 신부가 축도를 했다. 가족과 친지들이 더는 갈 수 없을 때까지 쫓아가 먼 길 가는 사람을 배웅했다. 코너 오닐은 이렇게 말했다. "우리 아버지는 캐나다로 떠나는 아버지의 숙부를 배웅하러 거의 65킬로미터나 되는 길을 걸어갔다 오셨어요. 섀넌 강 양쪽 강둑에 배웅 나온 사람이 즐비하게 늘어서 있고는 했어요. 그 광경을 보고 가슴이 미어지지 않을 사람이 누가 있겠어요."
— 수전 캠벨 바톨레티, 『검은 감자』(곽명단 옮김, 돌베개,

2014), 167쪽.

아일랜드 대기근을 다룬 청소년 역사책 『검은 감자』에서는 굶주리다 못해 다른 나라로 떠날 수밖에 없었던 아일랜드인들의 사정과 그때의 심경을 이렇게 설명했습니다. 이제 떠나면 살아서 다시는 보지 못할 것을 알기에 극도의 굶주림 속에서도 '더는 갈 수 없을 때까지 걸어가' 배웅하는 사람들의 일화를 통해, 대기근의 고통을 절절하게 보여 주고 있지요. 쉽고 짧은 문장으로도 설명해 내야 할 것을 충분히 하고 있다고 느낀 대목이었습니다.

이 책을 읽은 뒤 이 장면이 한동안 머릿속에서 떠나지 않더군요. 다시 만나지 못할 사람을 배웅하는 심정에 대해 자꾸 상상해 보게 되었지요. 알지도 못하는 사람의 마음을 상상하게 만드는 것이야말로 좋은 역사책이 할 수 있는 일일 거예요.

쉽게 쓴다는 것은 메시지를 뭉개거나 감정을 납작하게 만들어 버리는 것이 결코 아닙니다. 표현할 수 있는 것은 최대한 표현해야 합니다.

6
{ 스토리텔링, 지식에 이야기를 덧입히면? }

정확한 표현은 아니지만, 흔히 어린이·청소년 교양서 편집자들이 '스토리텔링 형식'의 원고라고 부르는 글이 있습니다.

'스토리텔링' 그 자체는 그냥 '이야기를 하다'라는 뜻에 가깝지요. 원래는 문학에서 내러티브·플롯 등과 비슷하게 쓰였다는데 대중적으로는 마케팅 용어로 더 익숙하게 쓰이는 듯합니다. 제품과 관련된 감동적인 일화나 사례를 들려줌으로써 제품에 대한 관심이나 호감을 이끌어 내는 마케팅 기법을 가리키지요. 간단히 '이야기로 말하기'라고 할 수 있습니다.

출판 편집자들 사이에서는 이 용어를 지식과 이야

기가 결합한 원고, 이야기에 지식을 켜켜이 넣은 원고를 부를 때 많이 씁니다. 즉 '이야기로 지식 전달하기'를 하는 원고들이지요. 이야기와 지식이 결합하는 방식은 아주 다양합니다. 우선 이야기 속에 지식이 '화학적으로' 결합하는 경우가 있습니다. 예컨대 수학경시대회나 과학경시대회에 나가는 아이들을 주인공으로 하여 그 대회 도전기를 소설 형식으로 담되, 준비 과정에서 푸는 수학·과학 문제들이 이야기 본문에 등장하는 것이지요. 이런 식의 화학적 결합이 가장 일반적인 듯합니다.

이야기와 지식을 분리해 수록하는 '물리적 결합'도 있습니다. 소설이 먼저 나오고, 소설 속에 몇 가지 주요 키워드를 심어 두고는 이야기의 말미에 부록 형식으로 그 키워드를 자세히 풀어내는 겁니다. 이야기는 이야기대로 즐기고, 지식은 지식대로 이해할 수 있도록 한 방식이지요.

관찰자 역할을 하는 아이와, 안내자 역할을 하는 어른이 함께 다니며 어른이 아이에게 지식을 전달하는 경우도 있습니다. 이럴 때면 실존 인물들을 극화하여 안내자 역할을 맡기기도 합니다. 과학이라면 아인슈타인이나 다윈, 역사라면 세종대왕이나 이순신이 나타나 아이에게 중요한 사건이나 개념을 설명해 주는 겁니다. 어느

날 나에게 찾아온 다윈과 함께 비글호에 올라 다윈에게 진화론을 듣는 식으로 상황이 전개되지요. 이런 경우에는 대체로 등장인물이 독자와 비슷하게 관찰자의 위치에 머물기 때문에 독자가 감정 이입하기가 수월합니다. 또 등장인물이 나서서 본격적으로 지식을 펼치기 때문에 소설적 재미는 조금 약해지는 대신 지식을 비교적 충실히 전달할 수 있습니다. 이외에도 다양한 방식의 스토리텔링 원고가 있습니다.

스토리텔링 형식의 청소년책은 효과적일까?

스토리텔링 형식의 책은 사실 청소년책보다 어린이책에 훨씬 많습니다. 이른바 교육과 재미를 결합한 '에듀테인먼트 스토리텔링'은 하나의 장르로 자리 잡았고, 오랫동안 사랑받은 베스트셀러 가운데서 이런 형식을 어렵지 않게 찾아볼 수 있지요. 10년 넘게 장수하는 시리즈만 우선 꼽아 보아도 『용선생의 시끌벅적 한국사』 시리즈, 『신기한 스쿨버스』 시리즈, '노빈손' 시리즈 등이 곧바로 떠오릅니다. 학습 만화 가운데도 많지요. 『마법천자문』은 한자를 중심으로 만화를 구성해 큰 인기를 끌었습니다.

재미와 교육이라는 두 마리 토끼를 성공적으로 잡을 수 있다는 인식이 생기다 보니, 청소년책에서도 이런 구성을 시도하는 경우가 적지 않습니다. 과장을 조금 보태면 출판사에 투고되는 청소년책 원고의 절반은 스토리텔링 형식이라고 보아도 좋을 정도입니다. 상당히 많은 예비 저자들이 이에 매력을 느끼는 듯합니다.

그런데 청소년책에서도 어린이책에서만큼 스토리텔링 형식이 유용하고 효과적일까요? 저는 다소 회의적인 입장입니다. 여러 원고를 검토하면서 청소년책에서는 스토리텔링 형식이 여간해서는 균형 있게 나오기가 어렵겠다는 생각이 들었기 때문입니다. 어린이책은 비교적 분량이 적고 그 안에 담아야 할 정보의 양도 제한적이어서 지식과 이야기가 효율적으로 결합할 수 있지만, 지식이 좀 더 깊어지고 책도 두꺼워져 이야기도 더 복잡해져야 하는 청소년책에서는 그러기가 쉽지 않습니다.

이야기와 지식이 '두껍게' 결합하려면, 한 작가가 이야기도 잘 쓰고 지식도 풍부해야 합니다. 논픽션과 픽션을 가로지르는 능력이 있어야 하지요. 실제로 작가 중에는 그런 다재다능한 '양손잡이'들이 있습니다. 중남미의 문호 카를로스 푸엔테스는 『아우라』 같은 멋진 소설도 남겼지만 『라틴아메리카의 역사』라는 방대한 역사책도 썼습니다. 『라틴아메리카의 역사』를 보면 탁월한 문장력을 갖춘 소설가가 얼마나 멋진 역사책을 쓸 수 있는지를 여실히 알 수 있지요. 우리나라에도 있습니다. '팩트'를 다루는 기자로 오랫동안 일했던 김훈은 『칼의 노래』 등의 소설로도 큰 성취를 이루었지요.

이런 훌륭한 작가들의 사례가 없는 것은 아니지만, 그리고 성공적인 스토리텔링 도서들이 없는 것도 아니지만, 대체로 논픽션과 픽션을 둘 다 잘 쓰는 사람은 드문 듯합니다. 대개는 어느 한쪽에 더 큰 재능이 있는 편이지요. 그래서 스토리텔링 원고를 보면 소설을 잘 쓰는 작가의 것은 이야기의 재미가 강하고, 논픽션을 잘 쓰는 작가의 것은 지식과 정보가 더욱 힘이 있습니다.

이는 뒤집어 말하면 소설을 잘 쓰는 작가의 스토리텔링 형식 원고에서는 지식이 약하고, 논픽션 작가의 원고에서는 이야기의 힘이 부족하다는 뜻이 됩니다. 청소년책 한 권의 분량이란 아무리 적어도 결코 적지 않은 법인데, 긴 이야기를 끌고 가다 보면 지식에 집중하느라 어느새 이야기가 산으로 가고 있거나 혹은 지식과 정보는 온데간데없이 이야기만 제 갈 길을 부지런히 가고 있는 경우가 많습니다. 이도 저도 아니게 되는 것이지요.

이야기와 지식이 어느 한쪽으로 기울지 않고 절묘하게 조화를 이룬, 그래서 소설을 읽는 재미도 있으면서 지식과 정보도 풍부하게 얻을 수 있는 원고를 만들기란 정말 어려운 일입니다.

스토리텔링 형식의 문제점

그럼 왜 많은 청소년책 저자들이 스토리텔링 형식에 호감을 느끼는 걸까요? 그 이유는 어린이책과 다르지 않습니다. 그 편이 아무래도 '지식'을 전달하기가 수월하다고 생각하기 때문일 겁니다. 지식은 어렵고 이야기는 재미있으니 지식에 이야기라는 설탕 코팅을 해 보는 겁니다. 일단 이야기로 먼저 독자들을 유혹해 보려는 것이지요. 그런데 이런 목적으로 이야기를 동원할 경우, 이야기의 완성도는 아무래도 약해질 수밖에 없습니다.

스토리텔링 방식의 책에는 그 외에도 여러 가지 난점이 있습니다. 일단 지식을 전달하는 데에 그리 효율적이지 않습니다. 막상 이야기 속에 지식을 넣어 보자면 그리 많은 양이 들어가지 않지요. 이야기 자체를 자연스럽게 흘러가도록 만들고 제대로 완결하기 위해서 해야 할 것이 적지 않기 때문입니다. 그냥 한 줄이면 간단히 적을 수 있는 지식도 이야기 속에 녹이려면 열 줄, 스무 줄도 부족해지곤 합니다. 애초의 목적이 이야기보다 지식을 얻는 데 있었다면, 독자는 책 한 권을 다 읽는 수고를 한 뒤에 손에 쥔 지식이 너무 적어서 허탈할 것입니다. 그럴 바에야 읽는 수고를 대폭 줄이고 필요한 지식만 딱 건네주는 것이 훨씬 효과적이지요. 스토리텔링으로 지식을 전달하는 것은 독서 효율 면에서 '연비'가 무척 떨어집니다.

그래서 실제로 스토리텔링 형식의 많은 책이 그 목적을 '지식에 대한 흥미를 불러일으키는 것' 정도까지만 상정합니다. 과학은 어렵다는 편견을 없애는 것, 수학은 공식을 달달 외워야 한다는 부담감에서 벗어나는 것, 조선 시대에 대한 관심이 생기도록 하는 것 정도를 목표로 하지요. 본격적인 지식까지 깊숙이 들어가는 경우는 많지 않습니다. 대체로 스토리텔링 형식의 원고가 취할 수 있는 현실적인 목표가 거기까지입니다. 물론 그런 목적의 책도 필요하지만 청소년 논픽션의 저자가 품을 만한 목표로서 다소 소박한 것은 사실입니다.

이야기 속에 지식을 넣을 때의 또 다른 난점은 읽는 사람 입장에서는 무엇이 사실이고 무엇이 상상인지 헷갈리기 쉽다는 것입니다. 쓰는 사람이야 그것을 명확히 알지만,

읽는 사람은 구분하기가 쉽지 않습니다. 특히 역사적 사실·인물을 다룬 책에서 그런 혼란이 빈번히 일어납니다. 우리가 사극을 볼 때 '조선 시대에 정말 저런 인물이 있었을까?' '고려 시대에 정말 저런 물건을 썼을까?' 하고 궁금해하는 것과 비슷합니다.

그것을 섬세하게 구분할 수 있을 만큼 배경 지식이 풍부한 사람도 있겠지만, 그런 사람은 처음부터 그 책의 타깃 독자가 아닐 겁니다. 책 속 지식은 '사실 여부', '근거의 유무'가 핵심이고 관건인데, 이야기 속에 녹아 버리면 어디까지가 사실인지 헷갈리고, 이야기의 흐름을 해치지 않으면서 근거를 정확히 제시하기도 어렵습니다. 이는 지식을 전달하는 책으로서는 치명적인 문제가 될 수 있습니다.

예컨대 한글의 역사를 다루는 책을 만든다고 생각해 보지요. 이런 주제의 책에서 스토리텔링 형식을 빌리는 것이 얼마나 유용할까요? 한글의 역사에는 극적인 장면들이 많이 있습니다. 조선어학회가 사전을 만들기 위해 준비하던 원고들을 일제에 압수당했다가, 해방 후 지금의 서울역인 조선통운 창고에서 발견한 일도 그중 하나지요. 당시 조선통운 창고에는 2만 장이 넘는 원고가 고스란히 남아 있었다고 하지요.

이 장면이 소설 형식으로 재구성된다면 배경 지식이 전혀 없는 우리의 독자들은 그때 조선어학회의 원고가 실제로 그렇게 발견되었다는 것인지, 아니면 일제 강점기에 우리글을 지키는 일이 얼마나 험난한 일이었는지를 보여 주기 위해 저자가 일부분 소설적 상상력을 덧붙인 것인지 정확히 파악하기 어려울 것입니다. 아이러니하게도 소설로서의 완성도가 높을수록 그 혼란은 심해질 거예요. 그렇다고 모든 문장에 일일이 "정말로 그런 일이 있었다"라는 확인 문구를 따로 붙일 수도 없는 노릇이고요.

역사적 사실을 충실히 알리고자 하는 책에서 굳이 그렇게 혼란을 일으키는 방식으로 글을 쓸 필요가 있을까요? 그리고 이처럼 극적인 사건은 당시의 사건이나 역사적 자료를 제시하면서 설명하는 쪽이 훨씬 더 극적인 긴장감을 불러일으킬 수 있을 것입니다. 그것은 사료가, 팩트가 갖는 힘이지요.

스토리텔링과 독자

그리고 스토리텔링 형식의 글을 쓸 때 많은 저자가 간과하는 것이 하나 있습니다. 독자들은 생각보다 영리하다는 것입니다. 재미난 소설책인 줄 알고 책을 집어들었는데 이야기 속에서 지식을 전달하려는 '다른' 의도를 간파할 경우, 지식은 건너뛰고 이야기만 읽거나 아니면 아예 이야기와 지식 모두를 포기해 버리기 십상입니다. 이야기 속에 지식이 잘 녹아들지 않을 경우, 혹은 잘 녹아들었더라도 지식은 이야기의 재미를 방해하는 돌부리처럼 기능하기 쉽기 때문입니다. 돌부리를 매번 치우면서 걷느니 아예 걷기를 포기하게 되는 것이지요. 게다가 우리의 독자들은 초등학교 시절부터 수많은 스토리텔링 책들을 섭렵해 왔기 때문에 이제 웬만한 스토리텔링으로는 구미를 당기기 어렵습니다.

무엇보다 제가 생각하는 스토리텔링 형식 원고의 결정적인 문제는 **청소년의 지적 호기심과 지식 그 자체의 힘에 대한 불신**입니다. 애초에 전달하려는 것이 이야기가 아니라 지식인데도 구태여 이야기 형식을 빌려 쓸 때에는 이 지식에 독자가 관심 있어 할지 충분한 자신이 없는 경우가 많습니다. '요즘 아이들이 유튜브나 좋아하지 이런 지식책을 읽으려고 하겠어?'

지식을 전달하려는 저자라면 지식이 지식으로서 충분히 흥미롭다는 것, 그리고 지식으로 전하고자 하는 메시지가 충분히 의미 있다는 것을 인정하고 시작해야 합니다. "이거 정말 멋있는 얘기라서 꼭 해 주고 싶어요" "알면 진짜 재밌는 거예요!"라는 마음에서 출발해야 한다는 것이지요. 그렇지 않다면 그 책을 쓸 이유가 없습니다. 쓰는 사람조차 자신 없는 지식을 누가 환영할 수 있을까요? 지나친 당위론이 아닌가 싶지만, 이는 교양서가 갖추어야 할 요건 중에서도 가장 기본이 아닐까 합니다. 그런데 많은 이가 성인 독자를 대할 때보다 청소년 독자를 대할 때 더욱 미심쩍어 합니다. 이런 불신이 스토리텔링 같은 당의정에 손을 뻗게 하지요.

청소년 독자의 지적 호기심은 성인보다 결코 덜하지 않습니다. 한번 호기심이 들면 성인들보다 더욱 적극적으로, 스펀지처럼 지식을 빨아들이기도 하지요. 다만 이미 너무 많은 것을 배우는 중이라 배우는 일에 지칠 때가 있을 뿐이지요. 청소년 논픽션을 쓴다면 청소년의 지적 호기심을 신뢰해야 합니다.

이런 여러 이유로 저는 가능하면 '돌직구'를 선호합니다. 지식책에서 이야기를 펼치느라 애꿎은 에너지를 소모할 필요가 없는 데다, 지식을 재미있게 전달하는 방식은 스토리텔링 외에도 다양하기 때문입니다. 누구나 이야기를 좋아하는 것은 아니어서 이야기를 전개하느라 에둘러 돌아가는 동안 조급한 독자는 자칫 떠나가 버릴 수도 있습니다. 한 줄 지식을 얻기 위해 열 줄 이야기를 읽는 수고를 하기엔 우리의 독자들이 너무나 바쁠 수도 있지요. **지식은 지식 그 자체로 승부하는 것이 가장 좋습니다. 안 그래야 할 이유가 있을까요?**

앞서 언급한 여러 위험을 감수하고라도 지식과 이야기를 결합하는 방식이 효과적이라는 판단이 든다면, 그때에는 과감하게 시도해 보아도 좋습니다. 이야기의 흐름에만 의존하지 않고 처음부터 깔끔한 설계도를 그려 놓고 촘촘히 글을 전개해 간다면 지식과 이야기가 균형을 이룬 책이 나올 수 있을 겁니다. 책 전체가 아니라 부분적으로 스토리텔링 형식을 이용해 보는 것도 좋습니다.

7

{ 새로운 것보다 의미 있는 것이 의미 있다 }

　도대체 어디부터 어디까지 청소년책에 담아야 할까요? 청소년 논픽션을 쓰기로 마음먹은 뒤에 곧바로 따라오는 의문은 바로 이것일 겁니다. 이 의문을 가볍게 풀기 위해 퀴즈를 하나 내 보겠습니다. 아주 쉽습니다. 5는 2로 나눌 수 있을까요, 없을까요?

　　우리는 분수도 배우고 소수도 배웠기 때문에 나눌 수 있다는 것을 압니다. 하지만 아직 자연수만 배우는 초등학교 1학년 학생에게 누군가는 나눌 수 없다고 설명할 수도 있습니다. 4는 2로 나누어지지만 5는 2로 나누어지지 않는다고요. 분수를 배우기 전까지, 자연수의 세계 안에 머무는 한 이 말은 진실입니다. 청소년책에 지식을 어느 수준까지 담아야 할지 고민하는 저자들을 보며 저는 종종 이런 비유를 떠올립니다. 비슷한 비유로 이런 것도 있습니다. "중학교 1학년 때는 일차 방정식을 배워요. 삼각함수는 아직 안 배웁니다. 함수가 없다고 해서 중학교 1학년 수학책이 부실한 것은 아니에요."

청소년책은 기초적인 지식 위주로 담는다는 점에서 일종의 '입문서'라 할 수 있습니다. 통상 입문서라면 그 분야의 주요 지식을 고루 담기 마련입니다. 하지만 청소년책에서라면 이렇게 한 분야를 '망라'해야 한다는 부담감은 조금 내려놓아도 좋습니다. 지식의 일부분만 담는다고 해서 책이 불완전해지거나 무언가 모자라지는 것은 아니니까요.

중학교 1학년을 염두에 두고 쓴다면, 일차 방정식까지만 이야기해도 좋습니다. 청소년책은 대체로 중3을 기준으로 쓰니까 연립 방정식이나 이차 방정식 정도까지 이야기해도 좋지요. 예컨대 청소년을 위한 심리학책을 쓴다면, '심리학 지식의 이차 방정식'은 어디쯤일까 가늠해 보는 겁니다. 지식의 체계가 머릿속에 있는 학자라면 내 분야의 이차 방정식이 어디쯤인지 파악하는 것은 그리 어렵지 않을 거예요. 딱 이차 방정식까지만 이야기하는 과감함, 삼각함수까지 욕심내지 않는 단호함, 그것이 청소년책 저자의 미덕 중 하나입니다.

새롭지는 않지만 낡지 않고 의미있는 것

지식의 범위 외에도 저자들을 혼란스럽게 하는 것이 하나 있습니다. 보통 책을 출간할 때는 무언가 새로운 것을 담습니다. 새로운 지식이나 정보, 관점이 있으니 그것을 대중에게 소개하고자 책을 내지요. '핫한가?' '새로운가?' 이것은 성인 단행본 출간을 결정하는 가장 중요한 기준 중 하나입니다. 그런데 청소년책은 조금 다릅니다. 물론 그간 없었던 이야기를 담는 일, 시대의 트렌드나 새로운 아이디어들, 학문 세계의 변화들을 꾸준히 주목하는 일을 중단할 수는 없습니다. '새로움'이란 논픽션의 생명이니까요. 하지만 청소년책에서는 그것만이 전부는 아닙니다.

'새로움'을 기준으로 할 때 청소년책이 성인책보다 앞서 나가는 경우는 거의 없습니다. 어떤 학자가 새로운 이론을 창안했는데 그것을 청소년책으로 발표하지는 않겠지요. 청소년책이 언론사의 신간 서평란에 자주 소개되지 않는 것은 바로 그 때문입니다. 새로운 것, '뉴스'를 다루는 이들에게 청소년책은 성인책에 비해 주목도가 떨어집니다. 청소년책 분야에서는 새롭더라도 일반 성인 단행본에서 이미 언급된 적 있는 지식이라면 뉴스감이라고 생각하지 않을 겁니다.

청소년책에서는 '지금까지 없었던 새로운 것'이 성인책에서만큼 결정적 중요성을 띠지는 않습니다. 성인책에서는 새롭다는 것 하나만으로도 출간의 이유가 되지만, 청소년책은 다릅니다. 새롭기 때문에 흥미로울 수는 있지만, 새로운 것만큼 혹은 그보다 중요한 것은 '의미 있는 것'입니다. 성인 전문서와 대중서, 교양서에서 활발히 논의되는 것들, 그중에서 어느 정도 지식의 유효성이 검증된 것들, 최신 이론과 사상 가운데서 청소년에게 의미 있겠다 싶은 이야기들이 선별되어 청소년책에 담기게 됩니다. 성인책과 비교해 보면 지식 전달 속도가 한 발짝 느리지요.

그래서 저는 **청소년책을 쓴다는 것은 성인책을 청소년의 수준과 어휘와 감성으로 '번역'하는 작업**이라는 생각이 들 때가 많습니다. '번역'이라는 비유를 더 발전시켜 말하자면 청소년책은 세 번째 저작물쯤 될 것 같습니다. 새로운 아이디어가 처음 발표되는 논문이 첫 번째 저작물이고 그것이 대중의 언어로 '번역'되어 널리 소개되는 이론서나 대중서가 두 번째 저작물이라면, 그것을 다시 청소년의 눈높이에 맞게 다듬고 조율해서 만든 세 번째 저작물이 청소년책이라고 할 수 있습니다.

그러다 보니 청소년책을 만드는 편집자의 역할도 조금 다릅니다. 성인책을 만들 때는 단행본은 물론 학술지나 논문도 살피면서 어디에 참신한 생각을 가진 저자가 있을까, 누가 '핫한' 이슈를 제시했나를 유심히 따지고 그것을 대중서로 가져올 수 있을지 고민하지만, 청소년책 편집자는 그런 일을 덜 하는 편입니다. 청소년에게 꼭 필요한 주제인데 아직 마땅한 성인 단행본이 출간되기 전이라면 해당 분야의 논문을 살피기도 하지만 그런 경우는 그리 많지 않습니다(혹시 그런 논문이 있더라도 논문만 보아서는 그것이 청소년 수준의 대중서로 쓰일 수 있을지 판단하기가 쉽지 않기 때문에 기획하기가 조심스럽지요). 그보다는 일단 한번 대중서의 형태로 출간된 단행본들을 주로 살핍니다. 그리고 그중에서 청소년에게도 의미 있는 이야기가 무엇일지, 청소년 수준으로 '번역' 가능할 만한 것이 뭐가 있을지, 누가 청소년을 향해 말랑말랑한 글을 쓸 수 있을지를 살펴봅니다.

물론 그렇다고 '낡은 것'을 얼마든지 이야기해도 된다는 뜻은 아닙니다. 다문화 시대에 자민족 중심주의를 강조한다거나, 평화 통일을 준비해야 하는 시대에 반공

안보 교육을 내세운다면 곤란하지요. 그런데 이런 지식들은 낡은 것이기 이전에 '의미가 별로 없기 때문에' 청소년책의 소재로 잘 '간택'되지 않을 겁니다. 미래 세대에게 큰 의미가 있는 내용이 아니니까요. '가장 새로운 것'을 유일한 기준으로 두기보다 '의미 있는 것'을 함께 고려한다면 소재 선택의 기준과 범위가 조금 달라질 겁니다.

누군가의 '첫 책'

그런데 세상에 무언가 새로운 아이디어를 내놓는 것, 새로운 이슈를 던져서 사람들 사이에 파장을 일으키는 것, 그래서 사람들을 깜짝 놀라게 하는 것은 책을 쓰는 핵심적인 이유이자 가장 짜릿한 즐거움입니다. 흔히 이를 두고 새로운 어젠다를 제시하는 역할이라고 하는데, 시대의 트렌드를 좇지 않고 의미 있는 어젠다를 찾아내는 것은 좋은 저자의 덕목이기도 합니다. 이런 역할이 적다고 하면 힘들게 책을 쓰는 보람이 상당 부분 사라지는 느낌이 들 수 있습니다. 중요한 집필 동기가 하나 빠져 버리니 '대체 왜 이 책을 군이 지금 내가 써야 할까?' 싶지요.

청소년책에는 다른 종류의 강력한 보람이 하나 있

습니다. 나의 책이 누군가의 인생에서 생애 '첫 책'이 될 가능성이 매우 높다는 데에서 오는 보람입니다. 예컨대 심리학 분야의 청소년책을 쓴다면, 그 책은 그 청소년이 세상에서 처음 읽는 심리학책이 될 가능성이 매우 높습니다. 물론 어린이책에서도 심리학을 다루는 경우가 종종 있지만 어린이책은 특성상 본격적이지 않습니다. 학문 분야로서 다가가기보다 심리학 지식의 일부를 활용하는 경우가 더 많지요. 그래서 때로는 '심리학'이라는 정식 용어를 쓰는 대신 '내 마음이 궁금해' 같은 식으로 에둘러서 표현합니다.

하지만 청소년 독자 대상으로는 기초적인 심리학 용어들을 쓰는 제대로 된 심리학책을 만들 수 있습니다. 심리학책을 읽는 독자 가운데서는 가장 어리지만 어엿한 심리학 독자임에는 틀림없지요. 저자로서 상대할 수 있는 가장 어린 독자를 향해 말을 거는 셈입니다.

그에 따르는 책임감도 있습니다. 심리학에 관한 책을 처음 읽었는데 재미가 없다면 그 청소년은 성인이 된 이후에도 다시는 심리학책을 들춰보지 않을 수도 있습니다. '심리학은 나랑 안 맞아!' 이런 결론을 쉽사리 내리기 쉽지요. 반대로 재미있었다면, 심리학이 인생에 도움이 된다는 생각이 든다면 그 책을 디딤돌 삼아 또 다른 심리학책으로 손을 뻗겠지요. 나의 책이 내 분야에 대한 첫인상을 좌우하고, 그 이후 그의 독서 행보를 결정하는 역할과 미래의 독자를 육성하는 역할을 해 내는 겁니다. 또 다른 책으로 독자를 이끄는 것은 모든 책이 수행해야 할 역할이지만, 누군가의 인생 '첫 책'이라면 그 책임감이 더욱 막중하지요. 이것은 책을 집필하는 매력적인 동기가 될 수 있습니다. **요란하지는 않지만 은밀하게 미래를 도모하는 맛, 그것이 청소년책의 매력입니다.**

그러다 보니 책을 집필할 때 고민하는 지점도 조금 다릅니다. 거칠게 나열해 보자면, 집필 구상 단계에서 이런 고민들을 먼저 해야 합니다.

• 심리학이라는 분야를 처음 접하는 독자에게 무엇을 이야기할 것인가.
• 심리학의 방대한 지식 가운데 무엇이 어린 10대 독자에게도 필요한 지식일까.
• 왜 심리학을 어른이 아니라 청소년에게 이야기해야 할까.
• 나중이 아니라 '지금' 읽어야 하는 심리학책에는 어떤 내용을 담아야 할까.
• 어떤 심리학 지식이 이 독자로 하여금 심리학의

매력을 느끼게 하고, 이후 인생의 단계마다 심리학이 그에게 도움이 되리라고 여기도록 할 수 있을까.

• 어떻게 하면 이 독자를 평생에 걸친 심리학 독자로 만들 수 있을까.

'첫 독자'를 대하는 저자가 고민해야 할 것은 대체로 이런 것들이지요. 그 고민의 결과로 선별한 지식은 지금 가장 '핫한' 지식일 수도 있고, 그렇지 않을 수도 있습니다. 이는 트렌드와도, 어젠다와도 또 다른 어떤 것이라고 느끼곤 합니다.

책은 철저한 기호품입니다. 아무리 좋은 책이라도 취향과 흥미에 맞지 않으면 읽히지 않지요. 그런데 청소년이란 **자신의 '기호'를 만들어 가는 중인 독자들**입니다. 이들 독자의 마음속에 내 학문 분야가 꾸준한 기호품으로 뿌리 내리게 하는 것, 그것이 청소년책을 쓰는 가장 중요한 매력이 아닐까 합니다.

8

{ **지식을 모으면 지식책이 될까?** }

지식책을 쓸 때 빠질 수 있는 함정이 하나 있습니다. '지식을 단지 많이 모으기만 하는 것'입니다. 지식책이니 지식이 들어가는 것은 당연하지요. 그런데 지식이 그저 많이 모여 있기만 하면 안 됩니다. 출판사에 투고되는 청소년책 원고 중에도 이런 경우가 많습니다. 겸손하고도 성실하게 자료를 모으는 데에만 몰두한 결과지요. 안타깝지만 이런 원고는 반려되는 일이 잦습니다. 책이 되기 어렵기 때문입니다. 원고에 대해 피드백을 할 때 이런 이야기를 하면, 많은 사람이 고개를 갸우뚱합니다. "지식책이라서 지식을 넣었는데 뭐가 문제라는 거죠? 많은 게 문제라면 조금 덜어내면 되지 않나요? 어떤 지식이 필요할지 몰라 전부 넣어 두었는데요!"

지식을 많이 모아 놓은 원고는 출판용 원고라기보다 소재 모음, 스크랩에 가깝다고 할 수 있습니다. 스크랩 형식의 원고가 책이 되는 일이 아주 없지는 않습니다. 지식의 모음 그 자체가 책의 콘셉트일 경우, 예컨대 '올해의 상식'이나 '누구나 알아야 할 세계사 사건 100가지' 등의 책이라면 지식을 순서대로 모으는 것만으로도 책이 될 수 있을지 모릅니다. 하지만 이는 예외적인 경우지요.

지식 스크랩은 왜 책이 되기 어려울까요? 그 이유는 우리 모두가 짐작하는 그것, 바로 인터넷 때문입니다. 요즘에는 인터넷이라는 막강한 존재가 있기 때문에 지식을 그냥 많이 모은 책은 책으로서 별로 매력이 없어요. 검색만 하면 알 수 있는 정보를 누가 굳이 책을 사서 보려 할까요? 그런 정보를 인쇄한다면, 심하게 말하면 종이를 낭비하는 일이나 다름없습니다. 출판사로서는 이른바 '출간 의의'가 별로 없는 책이 되지요. 고전적인 방식의 여행 안내서나 백과사전이 왜 전처럼 활발하게 출간되지 않는지 생각해 보면 알 수 있습니다. 단편적인 지식을 실어 나르는 매체로서 책의 존재감은 많이 축소된 지 오래입니다. 청소년책이라고 예외는 아니지요.

그런데 인터넷이 아니더라도 지식을 모으기만 한 것은 책으로서 완성하기 힘들 거예요. 지식책이라도 지식보다 먼저 필요한 것이 있습니다. 주제 의식, 메시지입니다. 지식을 '그냥' 모아 놓았다는 말은 곧 그 지식들을 관통하는 메시지가 없다는 말과 비슷합니다. 메시지가 없으면 지식들은 갈 길을 잃습니다. 독자 입장에서는 내가 왜 이 책을 끝까지 읽어야 하는지 아리송해지는 상황이 오지요. 책은 시작과 끝이 있는 매체입니다. 내가 책장을 펼쳐서 읽기 시작했다면 어딘가에서 끝이 나야 합니다. **지식들이 메시지라는 한 가지 방향을 향해 일제히 달리고 있지 않다면 독자는 책을 읽는 도중에 내가 어디로 가고 있는지, 어디서 이것이 끝나는 것인지, 왜 끝내야 하는지 헷갈리기 쉽습니다.**

겉으로 보이는 것은 지식이지만, 그 지식들을 알알이 꿰고 있는 것은 메시지입니다. 저자가 주장하고자 하는 바가 있고, 그것을 뒷받침하기 위해 지식들이 선별되고 다듬어집니다. 그 메시지란 클 수도 있고 작을 수도 있어요. 출판 기획에서는 그것이 콘셉트라는 말로 뭉뚱그려지지요.

'공부는 하고 싶지만 어떻게 공부해야 할지 모르는

고등학생들에게 가장 효과적인 공부법을 전달해 주는 책.'

'화려하고 다양한 광고들이 10대에게까지 영향력을 크게 미치고 있는 요즈음, 청소년들에게 광고의 역사와 속성을 알려 주어 합리적인 판단력을 기를 수 있도록 돕는 책.'

'알바와 현장 실습 등으로 조금씩 노동의 세계에 다가서고 있는 청소년들이, 노동 앞에서 주체적인 사람이 될 수 있도록 돕는 노동 인권 책.'

이렇게 주제 의식, 콘셉트가 있어야 이를 뒷받침하는 글감들을 모아 선별할 수 있습니다. 무엇을 크게 쓰고 무엇을 작게 쓸지, 무엇을 버릴지를 판단할 수 있어요. 메시지가 선별의 기준이 되기 때문입니다. **메시지라는 기준이 없으면 비슷한 소재들이 소재로서 반복될 뿐 주제 의식까지 나아가지 못하지요.** 일단 소재들을 많이 수집했다면 콘셉트에 따라 이를 정리하고 줄 세우는 작업이 뒤따라야 합니다.

책의 저자란 곧 메시지를 발신하는 사람이라고 할 수 있습니다. 주로 전문가들이나 학자들이 책의 저자가 되는 것은 이들이 그런 메시지를 지닌 경우가 많기 때문입니다. 전문가·학자란 단지 지식을 많이 아는 사람이 아니라 그 지식들을 토대로 자기만의 메시지를 구축해 낼 수 있는 사람입니다. 해당 분야에서 오랫동안 공부하고 지식을 궁구한 사람이라면, 그것을 토대로 하고 싶은 이야기가 생겨나기 마련이지요. 그리고 자신이 가진 지식을 바탕으로 그 메시지를 자신 있게 펼칠 수 있고요. 청소년책을 준비하는 사람이라면 단지 청소년들에게 단편적인 지식을 전달하는 역할에 그치지 않고 그것을 통해 자기가 어떤 메시지를 가장 자신 있게 발신할 수 있을지를 면밀히 고민해 보면 좋습니다.

전문가·학자 저자 가운데서도 지식의 양 때문에 고민하는 경우가 종종 있는데, 자료 수집에 너무 몰두해서가 아니라 이미 수집해서 가지고 있는 지식이 너무 많아서 문제인 경우지요. **지식의 선별이야 모든 책의 과제지만 특히 어린이·청소년책처럼 독자의 범위가 명확하고 원고 분량이 적은 경우 그 선별 작업이 한층 중요해집니다.** 이럴 때는 글의 얼개를 먼저 세울 필요가 있습니다. 목차를 정리해 보는 것입니다.

저는 기획 단계에서 목차는 80퍼센트만 완성하면 된다고 이야기하곤 합니다. 목차는 늘 미완성일 수밖에 없지만, 미완성인 채로도 의미 있는 것이 또 목차이기 때문입니다. 출간 기획안의 목차란 마치 어릴 때 쓰던 방학 생활 계획표 같아서, 그대로 끝까지 가는 경우는 거의 없습니다. 기획 단계에서 모든 변수를 예측하는 것이 사실상 어렵기 때문에 많은 원고가 '쓰다 보면' 바뀌지요. 이 때문에 기획 단계에서 목차를 생략하고 싶어 하는 이들도 많습니다.

하지만 쓰다가 바뀌더라도, 애초에 목차를 세우고 시작하는 것과 그냥 시작하는 것에는 큰 차이가 있습니다. 일단 한 가지 기준이 있고 그 기준을 조금씩 수정해 나가는 것과, 쓰면서 목차를 만들어 나가는 것은 완전히 다른 작업입니다. 초기의 기획 의도에서 무엇이 살아남았고 무엇이 바뀌었으며 바뀐 것은 왜, 얼마만큼 바뀌었는지를 통제하는 것은 책의 완성도에 결정적인 영향을 미치지요. 잘 제어된다면 꾸준히 수정해 나간 목차가 최종적으로는 기획 의도를 더욱 잘 살려 내기도 하지요. 목차 없이 시작하면 심한 경우 초기에 기획했던 것과 전혀 다른 책이 되기도 합니다. 완벽히 지키지 못할 생활 계획표라도 일단은 고심해서 작성해 보아야 하는 것이지요.

9

{ 교과서의 안팎에서, 주제와 소재들 }

청소년책을 만들 때 '학생'이라는 범주는 꽤 여러 가지 생각할 거리를 던집니다. 요즘에는 홈스쿨링을 하거나, 혹은 여러 이유로 학교를 다니지 않는 아이들도 적지 않지만, 그래도 청소년의 대다수가 학생이고 학교를 다닌다는 사실은 책을 기획하고 집필할 때 많은 것을 의식하게 합니다. 그 가운데 가장 중요한 고민거리, 혹은 골칫거리는 '얼마나 교과서를 의식해야 하는가?'입니다. 정확히는 '교과서의 지식 체계를 얼마나 반영해야 할까'이고, 적나라하게 말하면 '얼마나 학습에 도움을 주어야 할까'에 대한 고민이지요.

이런 고민은 어린이책을 만들 때에도 합니다. 초등

분야의 많은 저자가 초등 교과 과정을 염두에 두지요. 이 분야 책의 일차 구매자인 '부모'들이 그것을 원하기 때문입니다. 많은 어른이 지식책의 최우선 역할은 점수를 올리는 데에 도움을 주는 것, 학교 공부를 보조하는 것에 있다고 생각합니다. 교양서가 단지 지식만을 전하는 책이 아닌데도, 지식을 통해 자기 관점을 세우고 지식 너머의 통찰을 이끌어 내는 것을 목표로 하고 있음에도 거기까지 기대하고 책을 사는 사람은 많지 않습니다. 지식책을 아이에게 건네는 첫 번째 이유는 학습 효과를 기대해서일 때가 많지요. 속된 말로, 아이가 뭐 하나라도 익혀서 써먹기를 바랍니다. 기왕이면 시험 점수가 1점이라도 올라가면 더 좋고요. 그래서 '5학년을 위한 사회책' 같은, 학년별 교과서 내용을 보조하고 확장하는 방식의 책이 자주 출간됩니다.

이는 때로 어린이들을 교양서에서 멀어지게 하는 원인이 되기도 합니다. 어른이 사서 아이가 읽는 이 독특한 이중 독자 시장에서, '구매자'의 눈치만 살피다 정작 '독자'를 충분히 배려하지 못하게 되는 것이지요. **점수를 1점 올리기 위해 소설책을 읽는다면 그 소설이 얼마나 재미없게 느껴질까요? 여기에 동의하고 공감하는 많은 이들이, 왜 똑같은 현상이 논픽션을 읽을 때는 일어나지 않을**

거라고 생각할까요?

여러 어린이책 저자가 이에 대해 깊은 문제의식을 느끼고 있습니다.

"지난 1년간 나온 신간 가운데 온라인 서점에 판매되고 있는 과학, 사회 분야의 논픽션 책은 얼추 1,500여 종이다. 그 가운데 70~80퍼센트의 책이 표지에 교과서, 학습, 선행, 수행, 자기주도 등 학습에 도움이 된다는 내용의 용어를 쓰고 있다.

이런 책들이 잘 팔린다는 사실은 의심할 바 없다. 잘 팔리니 출판사에서 이런 제목을 다는 것일 테다. 우선 책 제목에 '교과서'라는 단어가 있으면 판매에 유리하다. 제목에 이 책을 읽으면 학습에 도움이 된다는 의도를 드러내고 있기 때문이다. 그렇다면 이 책은 참고서일까, 교양 서적일까. 두말할 것 없이 참고서다. 단행본인 것처럼 보이지만 참고서보다는 조금 고급스러운 보조 교과서에 불과하다.

— 이지유, 「아이들이 논픽션을 재미있게 읽지 못하는 이유」, 『기획회의』 448호.

이런 고민은 청소년 논픽션에서도 그대로 이어집

니다. 청소년 분야에서는 더욱 본격화된다고 할 수 있지요. 중학교에 올라가면서 이제는 어른들뿐만 아니라 아이들 자신도 본격적으로 학습에 부담을 느끼기 시작하니까요. 그전까지 독서를 그토록 강조하던 부모님들이 "소설책 좀 그만 봐!"를 잔소리 목록에 슬슬 추가하는 때도 이때부터입니다.

청소년의 공부 스트레스가 아예 새로운 시장을 만들어 내기도 합니다. 온라인 서점에서 청소년 분야의 세부 카테고리를 살펴보면 '공부법' 분야가 따로 있는 것을 볼 수 있습니다. 그만큼 공부법을 다룬 책들이 청소년책 시장에서는 큰 파이를 차지합니다. 이 분야에서 수만 부가 나가는 베스트셀러가 나오기도 하고, 방송에 출연하는 스타 저자를 배출하기도 하지요. 물론 스타 저자의 활약에 크게 의존하는 분야이다 보니 스타들의 명멸에 따라 책의 부침이 덩달아 심하기는 합니다.

이 공부법 책들을 살펴보면 재미난 점이 하나 있습니다. 많은 경우 제시하는 공부법 자체가 아주 획기적이라기보다 공부를 하도록 북돋는 동기 부여, '모티베이션' 역할을 더 많이 하고 있습니다. 책을 읽고 나면 '이렇게 공부해 봐야지' 하는 생각보다 '나도 열심히 공부해 보고 싶다' 하는 마음이 들도록 하지요. 그런 책들이 베스트셀러가 된다는 것은 공부가 청소년들의 가장 큰 고민거리이자 숙제라는 점을 간접적으로 알려 줍니다.

이런 상황이다 보니 많은 청소년책이 학습서 혹은 학습 보조서의 성격을 띠고 출간됩니다. '수포자'(수학 포기자)를 위한 수학 교양서라든가, 중3을 위한 과학 교양서 같은 책들이 그런 유형이라고 할 수 있습니다. 처음부터 학습을 보조하려는 의도가 없었던 책이라도, 책 말미에 '교과 연계' 사항을 슬그머니 밝혀 두기도 합니다. 이 책의 어떤 부분이 몇 학년 무슨 교과서의 어느 부분과 연계되어 있다는 사실을 빼곡히 써서 알리는 것입니다. 그럼으로써 이 책이 학교 공부에 도움이 된다는 것을 강조하는 것이지요.

사실 모든 지식은 어떤 식으로든 점수를 올리는 데에 도움이 될 겁니다. 중·고등학교 교과 과정은 거의 모든 학문 분야의 기초 지식을 다루므로, 어떤 지식이든 교과 과정과 연계 여부를 찾자면 어떻게든 찾을 수 있습니다. 게다가 수능에는 교과서에 나오지 않는 '비문학 지문'이라는 것이 있다는 점을 생각하면, 사실상 학교 공부에 도움이 되지 않는 책이 어디 있을까 싶습니다. 그래도 출판사는 굳이 강조해 보고 독자들은 그에 의미를 둡니다. 청소년 논픽션의 띠지나 뒤표지 혹은 광고에는 '학교 공부에 도움이 되는 책'이라는 내용의 홍보 문구가 다양한 표현으로 변주되어 등장하고 있지요.

이런 상황에 안타까움을 느끼고, 또 앞서 언급한 어린이책 교양서 저자들의 문제의식에 깊이 공감하면서도, 저는 청소년책에서는 어느 정도 불가피함을 인정해야 한다고 생각하는 편입니다. 마치 너도 옳고 그도 옳다고 했다던 황희 정승의 자세를 취하는 것이지요. 청소년의 학습 부담이 이렇게나 큰 나라에서 그 현실을 모른 척하는 것은, 편집자로서는 비겁한 일일 수도 있겠다는 반성도 들기 때문입니다. 그래서 제가 찾은 균형 지점은 청소년기에는 학습이 인생의 중차대한 과제가 된 시대이니 학습을 돕는 책들도 필요하고, 또 그런 시대이니 학습에 직접 도움이 되지 않는 책들도 필요하다고 생각하는 것입니다. 말장난 같지만 청소년들이 처한 사정을 고려해야 하는 청소년책 편집자로서 어느 한쪽을 편드는 것은 왠지 반칙처럼 느껴집니다.

중·고등학교 교과 과정은 교과서만으로 공부하기에는 꽤 어렵기 때문에 이를 잘 보조할 수 있다면 그 역시 시장에 꼭 필요한 책입니다. 청소년 독자들 스스로 그것을 원하기도 합니다. 이런 학습 보조서 중에는 편집 공력이 많이 들어간, 꽤 완성도 높은 책들이 적지 않습니다.

그런 한편 학습에 대한 부담감이 그 어느 때보다 높기 때문에 청소년들을 교과서 밖으로 이끄는 논픽션의 역할도 더욱 중요해졌습니다. 시험 점수와 상관없는 이야기들이 더 많이 펼쳐질 필요가 있습니다.

교과서 밖을 보여 주는 책들

그럼 교과서 밖에서 무슨 이야기를 할 수 있을까요? 청소년 시절에 교과서 말고 무엇을 더 읽으면 좋을까요? 교과서를 크게 염두에 두지 않는 청소년 논픽션들은 여기에서 출발합니다.

청소년 시절은 보기에 따라 다양한 가능성을 품은 시기입니다. 어떤 이들에게 청소년 시절은 자기만의 취향, 자기만의 개성을 계발해 나가는 시기입니다. 누구는 문학이나 음악에 깊이 빠져들기 시작하고, 누구는 영화광의 길에 본격적으로 들어서지요. 지나고 나서야 알게 되는 것이지만 이 시기에 본 작품들은 오래도록 기억에 남아서 취향의 원형을 형성하지요. 그리하여 책을 통해 청소년을 위한 영화 이야기, 혹은 청소년을 위한 음악 이야기를 전하기도 합니다. (『10대를 위한 서양 미술사』, 『타는 태양 아래서 우리는 노래했네』 등.)

또 어떤 이에게 청소년기는 한 사람의 시민으로 서 자기만의 가치관을 서서히 정립해 가는 시기입니다. 부모나 교사의 가르침을 곧이곧대로 받아들이는 단계 를 지나서, 자기만의 생각을 해 나가기 시작하지요. 이 런 특징에 주목하는 이들은 시민성에 관한 책들을 준 비합니다. 다양한 시민적 가치들을 제시함으로써 가치 관 형성에 도움을 주고자 하는 것이지요. 돈이란 무엇 일까? 행복이란 무엇일까? 난민들은 왜 자기 나라를 떠 나야 했을까? 왜 어떤 이는 부자이고 어떤 이는 가난할 까? 한 사회의 구성원으로서 고민해야 할 주제들, 가치 판단을 내릴 때 필요한 준거들을 제시하는 책을 씁니다. (『검은 감자』, 『나의 첫 젠더 수업』, 『1등에게 박수 치 는 게 왜 놀랄 일일까?』 등.)

또 어떤 이에게, 청소년기는 직업을 준비하는 기간 입니다. 자기 재능을 본격적으로 탐색하고, 자기에게 적 합한 직업을 본격적으로 모색하는 시기지요. 그래서 청 소년을 위한 직업 안내서는 꾸준히 출간됩니다. 세상이 급속도로 바뀌면서 새롭게 등장하는 직업, 원래 있었지 만 다시금 떠오르는 직업도 많아졌습니다. 유튜버 되는 법을 다룬 책이 발 빠르게 나오기도 하고, 요리사와 같은 고전적인 직업을 최근의 트렌드에 맞게 새롭게 조명하는 책도 있습니다. (『유튜브 쫌 아는 10대』, '꿈결 잡' 시리즈 등.)

또 어떤 이에게 청소년기는 자신의 학문적 재능을 본격적으로 발견하는 시기입니다. 특정한 분야에 대한 재능을 갈고닦기 시작하는 시간이지요. 수학이나 과학에 뜻을 두고 깊이 파기 시작하는 아이들이 생겨납니다. 이들을 위한 책은 학습서와 겹치기도 하고 그렇지 않기도 합니다. 교과서에서 다루지 않는 다종다양한 지식을 통해, 혹은 교과서에서 다루는 방식이 아닌 새로운 방식으로 지식에 접근함으로써 그 분야의 매력을 제대로 전달하려 하거든요. 이런 책들은 자칫 교과서에 너무 파묻혀 있느라 재능이 있음에도 오히려 그 분야에 대한 흥미를 잃기 쉬운 아이들을 건져 올리기도 합니다. (『하리하라의 과학 24시』, 『수학의 눈으로 보면 다른 세상이 열린다』, 『비커 군과 실험실 친구들』 등.)

또 어떤 이에게 청소년기는 심리적 독립을 준비하는 시기, 혹은 심리적 갈등을 첨예하게 겪는 시기입니다. 어떤 식으로든 마음에 거센 파도가 이는 아이들에게 심리학자나 정신과 의사 등의 전문가들은 실용적인 조언을 줄 수 있습니다. 변화무쌍한 자신의 심리 상태를 잘 파악할 수 있게 돕고, 점차 확장되고 요동치는 인간 관계에 대처하는 법을 전해 주기도 합니다. (『지금 독립하는 중입니다』, 『토요일의 심리 클럽』 등.)

이런 책들은 청소년들을 교과서 밖의 세상으로 안내하는 역할을 충실히 수행하고 있지요. 교과서에 등장하지 않는 바깥 사회의 풍경, 직업의 세계, 학문의 세계, 복잡다단한 마음속 등을 펼쳐 보여 주는 것입니다. 교과서에서는 한두 줄로 언급되거나 전혀 언급되지 않는 것들, 학교 안에 머무르는 동안에는 몸으로 직접 겪을 수 없는 것들을 이러한 책들을 통해 간접 체험할 수 있습니다. 경험 세계를 간접적으로 확장해 주는 것은 청소년책뿐만 아니라 모든 책의 본령이기도 하지요. 당장 시험 점수를 올리는 것보다 좀 더 먼 미래를 준비할 수 있도록 하는 데에 의미를 둔다면, 그것도 가치 있는 일입니다.

청소년책을 거칠게 '교과서 지식의 외연을 확장하는 책', 즉 학습을 돕는 책과 '교과서 밖을 상상하는 책'으로 나누어 볼 때 어느 쪽이 더 옳거나 좋다고 하기는 어렵습니다. 공부가 청소년의 코앞에 당면한 과제라면 그 과제를 돕는 것도 청소년책이 해야 할 일일 테지요. 청소년이 학생이라는 점 그리고 학생이기만 한 것은 아니라는 점, 두 가지를 모두 고려할 필요가 있습니다.

10

{ **접점, 찾았습니까?** }

"현재 적정 사무실 온도로 알려진 21도는 1960년대 측정된 자료를 바탕으로 하고 있습니다. 당시 몸무게 70킬로그램인 40세 성인 남성을 기준으로 했던 것이지요. 이러한 '표준화된 신체'를 가진 남성의 대사율은 여성의 평균적인 대사율과 다르고, 당연히 체내 열 생산도 차이가 있습니다."

『우리 몸이 세계라면』(김승섭, 동아시아, 2018)이라는 책에 나온 이 문장을 패러디해서 말해 보겠습니다.

현재 적정 지식의 온도는 몸무게 50~70킬로그램인

20세 이상 성인을 기준으로 하고 있습니다. 이러한 '표준화된 신체'를 가진 성인의 '지식 대사율'은 청소년의 평균적인 지식 대사율과도 다르고, 당연히 두뇌 속 창의력의 생산에도 차이가 있습니다.

이런 무리한 패러디를 시도하는 이유는 세상의 지식과 그 지식을 표현하는 기술들이 대체로 성인을 기준으로 하고 있음을 이야기하기 위해서입니다. 청소년이나 어린이는 특별히 그들이 필요할 때에만 호명됩니다. 성인들은 그것이 자연스럽고 익숙해 잘 느끼지 못하지만, 세상의 많은 책들은 주제 의식은 물론 간단한 예시들도 모두 성인을 중심에 두지요. 사소하게는 법과 질서에 관해 이야기할 때 '음주 운전'을 예로 들거나, 경제 이야기를 할 때 '월급'을 소재로 이야기하는 것 등을 떠올려 볼 수 있습니다. 만약 그 책이 어린이책이나 청소년책이었다면 편집자들은 십중팔구 음주 운전보다는 횡단보도 건너기로, 월급보다는 용돈으로 예시를 바꾸자고 제안할 겁니다. 청소년책을 쓸 때는 어른의 습관을 벗어나 세상의 수많은 지식과 청소년의 접점을 찾는 작업이 매우 긴요합니다.

단, 이 '접점'을 찾는 작업이 지엽적인 수준에 머무

르면 곤란합니다. 제가 어릴 때의 일이지만, 어느 정치인이 여고생들을 만나서는 그들을 '빠순이'라고 일컬었다가 머쓱해진 일이 있었습니다. 정확한 맥락을 잘 알지 못한 채 당시 유행하는 단어들로 친근감을 표현하려다가 역효과가 난 것이지요. 이렇게 '뻑사리'를 낼 정도는 아니지만, 비슷한 시도가 청소년책에서도 종종 일어납니다. 요즘 청소년들이 많이 쓰는 유행어나 은어를 활용하는 식으로 독자들의 호감을 이끌어 내려 하는 것입니다. 그런 표현을 찾기 위해 열심히 유행어를 검색하는 애달픈 노력을 폄하할 수는 없지만 이런 시도는 금세 한계를 드러냅니다. 청소년과 통할 수 있는 근본적인 접점이 아니기 때문입니다. 좀 더 근본적인 접점은 책의 '주제 의식' 그 자체에 있어야 합니다. 주제 의식이 청소년들의 현재 처지, 생활, 삶과 잇닿아 있어야 하지요. 그래서 청소년책 편집자로서 이들의 현재 위치, 이들의 호기심이 닿는 범위, 이들의 고민이 향하는 방향, 이들의 생활에서 가장 중요한 것이 무엇인지를 자주 고민합니다.

주제의 접점 찾기

여성학을 주제로 한 책을 기획할 때의 일입니다. 청소년들을 위한 여성학책이 필요하다는 생각이 들었지만 다소 막연한 상태였습니다. '그저 좀 더 쉬운 책이 필요한 것일까?' 쉽다는 것은 청소년책의 제1 덕목이지만, 당연하게도 그것만으로는 충분치 않습니다. 단지 쉬워지는 것 이상의 차별점을 찾아야 했습니다.

저자와 함께 근본적인 질문을 던져 보았습니다. 왜 청소년에게도 여성학 지식이 필요할까? 여성학 지식을 청소년에게는 어떻게, 왜 전달해야 할까? 여성학책이 이렇게 많은데 청소년만을 위한 여성학책을 또 한 권 만들 필요는 무엇일까? 막연한 느낌은 청소년기라는 시기에 주목하자 조금씩 아이디어로 구체화되었습니다.

청소년기가 어린이에서 어른이 되어 가는 시기라면, 이는 한 사람의 여성/남성으로서 정체성을 형성해나가는 시기라고도 볼 수 있습니다. 그리고 여성학은 바로 그런 젠더 정체성을 다루는 학문입니다. 그렇다면 여성학 지식 가운데서 정체성과 관련된 지식들이 청소년과 밀착될 수 있지 않을까, 성별 고정관념에서 벗어나 '나다운' 성인으로 성장하는 데에 여성학 지식이 쓸모 있지 않을까 하는 데에까지 생각이 미쳤습니다. 그렇게 해서 성, 가부장제, 모성, 노동 등 여성학의 주요 연구 분야 가운데서 '독립적이고 주체적인 성인'이 되는 데에 도움이 될 만한 지식들을 모아 보기로 했습니다.

"10대는 아이가 여성과 남성으로서 성별 정체성을 본격적으로 확립해 가는 중요한 시기이다. 성별 정체성은 사회, 역사, 문화적인 산물일 뿐 아니라 스스로 부단히 노력해 만들어 가는 것이다. 여성학의 학문적 성과 중 10대의 독립적이고 주체적인 정체성 형성에 기여할 이야기들을 선별해 소개한다."

당시 기획안에 이렇게 책의 콘셉트에 대해 이렇게 설명했던 기억이 납니다. 청소년이 아니라 성인 대상의 책이었다면 아마 기획서의 내용이 크게 달랐을 것입니다. 이미 정체성 형성이 어느 정도 완료된 성인에게 전하는 여성학 지식은, 같은 지식이라도 전달하는 내용이나 방식이 다를 수밖에 없지요. 시중에 나온 많은 성인 대상 책들이 보여 주듯 세상의 고정관념이나 편견을 교정하는 것, 혹은 그에 대처하는 개인적이고 사회적인 방책들, 혹은 그 인식들의 역사적 형성 과정 등을 앞세울 수 있을 겁니다. 혹은 여성과 남성이라는 이분법을 넘어서는 젠더 정체성에 대해 심도 있게 이야기할 수도 있겠지요. 여성학 지식이 타깃 독자들에게 어떻게 기여할 수 있을지 생각하며, 청소년책에서는 독자들이 '어른이 되어 가는 과정'에 있다는 점을 가장 먼저 주목하게 된 것입니다. 소박하지만 이런 것이 '근본적인 접점'을 찾아가는 과정이 아닐까 합니다. 즉 **청소년 독자에게 더 가까이 다가갈 수 있는 형태와 방향을 지닌 지식을 선별하는 작업이 필요합니다.**

소재의 접점 찾기

주제 차원에서 접점을 찾았다면 그다음에는 소재에서 접점을 찾아 나가야 합니다. 소재는 때로 극히 사소한 곳에서 발견할 수도 있습니다.

『생명 과학 I』 수업 중 소화 관련 단원을 가르치다 잠깐 치질 이야기로 샌 적이 있습니다. 치질의 세 가지 종류에 대해 설명하자 학생들은 동영상까지 찍으며 집중했습니다. 말 그대로 폭발적인 관심을 보여 주었지요. 물론 치질은 교과서나 입시와는 거의 관련이 없습니다.

그러나 치질이 국내 인구의 약 70퍼센트가 경험하는 흔한 질환이라는 점에서 학생들은 무척 흥미로웠나 봅니다.

— 이고은 수상 소감 중에서 (『창비어린이』 2019 겨울호, 279쪽.)

2019년에 창비청소년도서상을 수상한 이고은은 '생명 과학 뉴스 데스크'라는 원고를 기획하게 된 계기를 치질 이야기에서 찾았습니다. 아이들이 치질 이야기에 관심을 갖는 것을 보고 생명 과학 관련 뉴스들 중에서 재미난 것을 골라 풀어 해설하는 책을 구상하게 되었다고 했지요.

소재를 찾을 때는 '검색'의 힘이 제대로 발휘될 수 있습니다. 청소년 논픽션을 쓰면서 '불굴의 검색력'을 발휘한 분들이 많습니다. 청소년 수학책을 쓴 한 저자는 책에 등장하는 가상의 아이돌 그룹 이름을 그럴듯하게 짓기 위해서, 현존하는 아이돌의 그룹명과 활동명을 모조리 검색해서 그 뜻과 작명 방식을 분석했습니다. 아이돌이 나오는 프로그램도 죄다 살펴보면서 그 이름들이 어떻게 쓰이는지도 살펴보았지요. (그러는 도중에 결국 어느 아이돌 그룹의 팬이 되면서 '팬심'의 작동 원리마저 알아내고 말았습니다.)

또 청소년을 위한 글쓰기책을 준비 중이던 한 저자는 10대들이 많이 방문하는 커뮤니티에 올라온 글들을 읽었습니다. 몇 주 동안 10대가 자주 쓰는 표현과 자주 틀리는 표현들을 잔뜩 수집하고 그 패턴을 분석했지요. 그런 끝에 청소년들이 자주 틀리는 표현을 유형별로 정리하고는 이것만 제대로 알려 준다면 아이들의 글쓰기 실력을 월등하게 나아지게 할 수 있으리라는 희망의 빛을 보았습니다. 이럴 때에는 인터넷 검색이 정말 쓸모 있습니다.

성인책에서는 성공적이더라도

성인 교양서에서도 특정 독자와 접점을 찾으려는 시도는 꾸준하지만, 성인 교양서에서 성공적인 방식이 청소년책에서는 성공적이지 않은 경우가 종종 있습니다. 예를 들어 '영화로 보는 과학 이야기', '소설로 보는 인권 이야기'처럼 사람들에게 익숙한 문화 예술 작품을 화두로 삼아 이야기를 진행하는 방식은 성인 단행본에서는 꽤 흔합니다. 그중에는 스테디셀러가 될 정도로 널리 읽히고 완성도도 인정받은 경우도 많지요.

그래서인지 여러 저자가 청소년책에서도 이런 시도를 종종 합니다. 그런데 생각처럼 잘되지 않을 때가 많아요. 왜일까 곰곰 생각해 보면 이런 식의 시도는 꽤 '지적인 독자'를 대상으로 하기 때문이 아닐까 싶습니다. 예컨대 '영화로 보는 과학 이야기'를 구상한다면, 책에서 언급하는 영화를 충분히 감상했으면서 그것을 과학과 접목하는 방식에도 관심이 있는 사람을 독자로 상정하게 됩니다. 성인 중에는 그런 사람이 적지 않겠지만, 청소년 중에서는 꽤 제한된 독자일 것입니다.

게다가 이런 콘셉트의 책을 쓰려면 천만 관객을 동원할 만큼 대중적인 상업 영화 외에도 비교적 소수만 관람한 예술 영화나 독립 영화도 언급해야 할 때가 있을 겁니다. 그런 영화들에 화두가 풍부하게 담겨 있는 경우가 많으니까요. 그런데 이런 영화들의 예술적 완성도와는 별개로, 그것을 화두로 삼아 다른 분야로 이야기를 확장하는 작업은 지난해지기 쉽습니다. 영화를 보지 못한 사람들에게는 일단 흥미를 줄 수 없으니 본론으로 들어가기도 전에 독자를 놓치기 쉽지요. 그렇다고 영화의 줄거리를 먼저 다 설명하자면 불필요하게 글이 길어지는 데다 작품에 대한 예의도 아닙니다. (천만 명이 본 상업 영화라고 해도 마냥 안심할 수만은 없습니다. 그중에는 18세 관람가인 영화도 꽤 있고 5년 전, 10년 전 영화라면 우리의 청소년들은 너무 어릴 때(!)의 일이라 못 보았을 가능성이 높아요.) 또 청소년책은 한 부나 장의 길이가 성인책보다 짧기 때문에 되도록 빨리 본론으로 들어갈 필요도 있습니다. 그래서 이런 콘셉트의 청소년 책을 기획할 때는 조심해야 하지요.

드넓은 지식의 지형도를 조감하면서 대체 어디에서 어떻게 청소년 독자와 만날 것인지, 이에 대한 고민이 깊을수록 책의 완성도가 더욱 높아집니다.

11

{ **부록은 언제나 환영합니다** }

퀴즈를 하나 내 보겠습니다. 교양서와 인문서의 차이는 무엇일까요? 흔히 성인책을 교양서나 인문서 등으로 분류하지만 그 기준이 딱히 명확한 것은 아닙니다. 좀 더 쉽고 대중적이면 교양서이고 그보다 좀 더 어렵다면 인문서일까요? 그럼 '좀 더 어렵다'의 기준은 어디쯤일까요? 한동안 대중 교양서 시장에 인문학 바람이 분 뒤로는 이 기준이 더욱 흐릿해진 것 같습니다.

넌센스 퀴즈 같은 이런 질문에 대해 한때 이런 농담 같은 현답이 오갔습니다. '각주가 달린 것은 인문서이며, 각주가 아니 달린 것은 교양서이니라.' 정확한 것은 아니지만, 이 말만큼 두 책의 차이를 명쾌하게 구분해 주는 것도 없을 듯합니다. 빼곡히 각주를 달아서 학술적 출처와 근거와 보충 설명을 달았다면 인문서이고, 대중 독자들에게는 큰 의미가 없는 각주를 생략하거나 본문에 최대한 녹여서 가독성을 높인 책은 교양서라는 것이지요.

저는 이 표현을 빌려서, 청소년 논픽션과 성인 논픽션을 이렇게 구분해 봅니다.

'부록이 없는 것은 성인 논픽션이며, 부록이 기어이 달라붙은 것은 청소년 논픽션이니라.'

성인 교양서라고 부록이 없는 것은 아니지만, 청소년 교양서에는 훨씬 빈번하게 붙습니다. 부록의 양상도 성인책과는 꽤 차이가 나지요.

부록이란 본문과는 별도로 구성된 내용, 지면을 말합니다. 보통은 본문 끝에 붙이지요. 그런데 청소년책에서는 본문 끝에만이 아니라 본문 안에도 '부록 비슷한 것'이 많이 들어갑니다. 지면에서 차지하는 위치나 방식에 따라 부르는 이름은 꽤 다양합니다. 본문 한 귀퉁이에 네모난 박스를 만들어 그 안에 부가 지식을 따로 넣는 경우 '박스 정보' 혹은 '부가 정보'라고 부르기도 하고, 아예 한 페이지를 전부 별도 정보를 넣는 데에 활용할 경우 별면이라고 부르기도 합니다. 부나 장의 끝부분 또는 책의 맨 뒤에 넣는 것은 흔히 부록이라고 하지요. 여기에서는 편의상 이 모든 것을 통칭해서 '부록'으로 불러 보겠습니다.

부록에 들어가는 내용은 아주 다양합니다. 책 속에서 언급된 인물·사건의 뒷이야기나 더 상세한 사항들을 추가하기도 하고, 간단한 단어 뜻풀이를 넣기도 합니다. 본문이 다소 어려울 경우 '쉬어 가기 코너'의 역할을 겸해 본문과 관련된 가벼운 이야기를 붙이기도 하지요. 학습 목적이 강한 책에서는 한 발 더 깊이 들어갈 수 있도록 심화 지식을 넣기도 하고, OX 퀴즈 등으로 앞서 읽은 것을 간단히 점검할 수 있도록 하기도 합니다. '아인슈타인과 잠깐 인터뷰'처럼 아예 콘텐츠 자체를 새롭게 재구성해 넣을 때도 있습니다. 그렇게 해도 못다 한 이야기가 있다면, 책이 끝난 뒤에 별도의 지면을 구성해 보충하지요. 어느 경우에든 그에 맞게 따로 디자인을 합니다. 다양한 정보가 각각에 맞는 디자인을 거쳐 배치되니 성인책에 비하면 지면 구성이 꽤 다채롭습니다.

부록 구성하기

사실 지면 구성이 현란하기로는 청소년 논픽션보다 어린이 논픽션이 한 수 위입니다. 책의 특성상 본문이 짧아 그 안에 들어가는 지식이 적다 보니 부록을 적극적으로 활용하지요. 어린이 논픽션 가운데는 잡지처럼 매 페이지의 지면 구성이 다 다른 경우도 있습니다. 게다가 그림도 거의 모든 페이지에 들어가지요. 어린이 논픽션에 넣는 그림은 그림 자체에도 정보가 들어 있어 그 역할이 결코 작지 않습니다. 그런 데다 다양한 부가 정보들을 켜켜이 넣으니, 지면이 빈틈없이 꽉 채워지지요. (이런 경향은 과거에 비하면 비교적 느슨해지는 추세이기는 합니다. 책 한 권에 들어가는 지식의 양으로 책의 가치를 평가하는 경향이 줄어들면서 논픽션에서도 지식의 양보다는 질에 더 초점을 맞추고 있지요. 생각을 위한 여백 공간도 더 많이 고려하고 있습니다.)

그러다 청소년책으로 넘어오면 비교적 지면이 차분해지는 편입니다. 책이 좀 더 두꺼워지고 본문의 길이도 길어지면서 본문에서 지식을 많이 소화할 수 있게 되지요. 하지만 성인책과 비교하면 여전히 부록의 역할이 큽니다. 책 읽는 지루함을 달래면서 본문에서 미처 다 다루지 못한 이야기들을 넣기 위해서지요.

　청소년책에서 부록의 역할은 여러 가지가 있지만, 그중에서도 중요한 것은 '쉼표'의 역할입니다. 부록 역시 지식으로 채우는 경향이 짙은 어린이책과 달리, 본문에 이미 지식이 풍성한 청소년책의 경우 부록을 쉬어 가기 코너로 활용하는 경우가 많습니다. 청소년 독자들이 긴 책을 읽는 도중에 지치지 않도록 쉬어 갈 수 있게 하는 것입니다. 여러 가지 지식을 쉴 새 없이 머릿속에 넣어야 하는 청소년 독자들에게는 잠시나마 멈추어 가는 오아시스 같은 공간이지요. 이 코너를 지나치게 잘 쓰면, 책을 읽고 난 뒤에 본문 내용은 온데간데없고 부록에 나온 이야기만 기억나는 '부작용'이 일어나기도 합니다.

　이런 부록을 잘 꾸리려면 편집 '공력'이 꽤 많이 들어갑니다. 디자인부터 본문과의 관계, 삽입하는 빈도와 종류, 캐릭터 활용 여부, 분량 조절까지 신경 써야 할 것이 한두 가지가 아니거든요. 때로 편집하기가 본문보다 힘듭니다. 오죽하면 제가 초보 편집자이던 시절, 한 선배 어린이책 편집자는 어떤 책을 만들고 싶으냐는 저의 질문에 "부록 없는 책!"이라고 농담처럼 진심을 담아 이야기한 적도 있습니다. '부록 없는 책'은 어린이·청소년 논픽션 편집자들의 영원한 꿈(?) 같은 것입니다. 하지만 애써서 만들어 놓으면 책을 그만큼 알차게 해 주니 차마 외면할 수 없는 것이 또 부록이지요.

부록은 편집자만 힘든 것이 아닙니다. 저자도 부록 때문에 꽤 고심하지요. 사실 개인차도 커서, 되는 사람은 그냥 됩니다. 지면 구성의 특징을 설명하면 단번에 이해하고 해당 코너에 딱 들어맞는 내용을 척척 써내는 저자들이 있습니다. 타고난 편집 감각이 있는 것이지요. 그런데 글을 한 흐름으로 쓰는 것이 몸에 밴 저자들은 하고자 하는 이야기에 이런저런 곁가지를 쳐 나가는 것을 영 어색해합니다. 그런 모습을 보면 저자와 편집자라는 직업이 따로따로인 데에는 다 이유가 있구나 싶지요. 그래서 대체로 편집자들은 지면 구성을 기획해 두되, 저자가 일단 초고를 완성하면 그중에서 일부 내용을 부록으로 따로 빼내거나 관련 내용의 추가 집필을 요청하는 방식으로 대처해 나갑니다.

물론 가장 좋은 것은 저자가 처음부터 지면을 구상해 두고 거기에 맞추어 글을 쓰는 것이지요. 청소년책을 쓰려는 이들이라면, 기존 책들의 지면 구성을 한번쯤 꼼꼼히 살펴보는 것이 좋습니다. 청소년책은 성인책에 비해 1개 장, 1개 부의 길이가 짧기 때문에 본문에 미처 다

담지 못하는 이야기들이 생기기 마련입니다. 또 난도가 약간 달라서, 혹은 본문의 흐름과 맞지 않아서 본문에서는 생략할 수밖에 없는 이야기들도 있지요. 청소년책에서는 그런 이야기들을 부록에서 활용할 여지가 많으니 지면 구성을 잘 활용할 줄 아는 것은 저자에게도 이득입니다.

이런저런 부록을 구성하는 것에 익숙해졌다면, 좀 더 고차원적인(?) 단계로 나아가 볼 수 있습니다. 아예 처음부터 지면을 기획한 뒤에 그에 맞추어 글을 쓰는 것입니다. 글에 지면을 맞추는 것이 아니라 지면에 글을 맞추라니 이 무슨 침대에 맞추어 발을 자르라는 프로크루스테스의 침대 같은 소리인가 싶을 수 있지만, **청소년 지식책에서 정교한 지면 기획은 그 자체로 책의 완성도와 메시지 전달력을 드높여 줍니다.**

제가 참여한 책 가운데 '이지유의 이지 사이언스' 시리즈를 예로 들어 볼 수 있습니다. 지면 기획이 복잡한 편은 아니지만 지면에 원고 분량을 맞추는 수고가 많이 필요한 시리즈였지요. 이 책은 저자가 직접 그린 유머러스한 그림과, 거기에 대응하는 역시 유머러스한 과학 지식이 나란히 놓이는 형식의 책입니다. 각 권마다 구성이 조금씩 달랐는데 규칙적이라는 점만은 공통적입니다. 예컨대 어떤 권에서는 왼편에 그림이, 오른편에 글이 반복해 들어갔고, 또 어떤 권에서는 펼침 단위로 2페이지에는 그림이, 그다음 2페이지에는 글이 반복해 들어갔습니다. 과거에는 이런 구성을 '2면 1조 구성', '4면 1조 구성'과 같이 부르기도 했지요.

이런 구성에 따르자면 글의 길이를 잘 통제해야 합니다. 정해진 면에서 한 줄이라도 넘어가면 구성이 흐트러져 책이 미워지지요. 분량이 넘치는 원고가 나오면, 정말 그리스 신화의 악당 프로크루스테스처럼 지면에 맞추어 원고를 자를 수밖에 없습니다. 어린이·청소년 과학 논픽션의 대가답게 이 시리즈의 저자는 이런 지면의 특징을 백분 이해하고, 넘치는 원고는 덜어내면서 지면에 맞춤하게 글을 써 나갔습니다. 그런 노력이 들어가 경쾌하고 매력적인 책이 탄생했지요. 책의 명랑한 리듬감을 위해 기꺼이 글의 분량을 절제한 결과입니다.

어린이·청소년책은 이런 '절제의 미덕'과 '지면 기획의 매력'이 십분 발휘될 수 있는 분야입니다. 시작부터 끝까지 하고 싶은 이야기를 충분히 하는 것도 좋지만, 감각 있는 논픽션 저자라면 본문 외에 부록 코너를 구상하는 등 지면 기획을 해 보는 센스를 발휘해 보면 좋습니다. 그런 책은 읽는 재미가 배가되는 것은 물론 메시지나 지식을 전달하는 힘이 더욱 커집니다.

12
{ **사전에 없는 감탄사로 감탄하지 말 것** }

"사전에 없는 감탄사로 감탄하면 안 돼."

어린이책을 만들던 시절, 선배 편집자들은 어린이 책의 교정 교열에 대해 이런 농담 같은 조언을 하곤 했 습니다. 그저 농담만은 아니었던 것이 실제로 사전에 없 는 '으라차차'라는 감탄사를 '영차'로 바꾸어야 할지, 그 렇게 해도 문장의 맛이 온전할지 몇 날 며칠을 고민하던 편집자도 있었지요. 그만큼 어린이책에서는 사전에 따 른 정확한 표기가 중요합니다.

여기서 말하는 '사전'이란 국립국어원의 표준국어 대사전입니다. 이 사전의 원칙을 우리나라 대다수 출판 사들이 교정 교열 기준으로 삼고 있지요. 특히 어린이·

청소년책에서는 거의 대부분 이 원칙을 따릅니다.

성인책은 조금 사정이 다릅니다. 대체로는 국립국어원 표준국어대사전의 원칙을 따르더라도 특정한 단어나 외래어 표기 등에 있어서 독자적인 원칙을 세워 둔 출판사가 더러 있습니다. 국립국어원의 원칙이 완벽하지 않을뿐더러 그 역시 절체절명의 원칙이 아니라 하나의 편집 기준이라고 보면, 책을 만들 때 좀 더 바람직하다고 생각되는 각자의 편집 원칙이 서기 마련입니다.

하지만 거의 모든 출판사가 어린이책과 청소년책을 만들 때는 예외 없이 국립국어원의 원칙을 따릅니다. 교육적 효과를 고려해서입니다. 아직 국어를 배우는 단계에 있는 아이들에게는 기준이 되는 원칙을 먼저 제시할 필요가 있다는 생각에서지요. 원칙을 알아야 변형이나 활용도 가능하니까요. 또 교과서나 참고서 등 아이들이 많이 보는 책들과 표기법이 다르면 혼란을 줄 수 있다는 우려도 있습니다. 우리나라 교과서들의 맞춤법은 모두 국립국어원의 원칙을 따릅니다.

국립국어원의 원칙이 때로는 보기에 거슬릴 때도 있습니다. 예컨대 '국회 의원', '유럽 연합'과 같은 단어는 붙여 쓰는 것이 훨씬 자연스럽고 한눈에 들어오지만 원칙은 띄어 쓰는 것입니다(엄밀히 말하면 이들 단어에 대한 국립국어원의 원칙은 '띄어 쓰되 붙여 쓰는 것을 허용한다'입니다. 하지만 '허용'이 있더라도 어린이책과 청소년책에서는 가능한 한 원칙대로 씁니다. 그것이 '원칙'이기 때문입니다). 이런 단어들을 맞닥뜨리면 편집자들조차 갈등이 되지요. 그래도 대체로는 꾸역꾸역 국립국어원의 기준을 따라갑니다.

전문가 저자의 경우 각자의 분야에서 쓰이는 몇몇 전문 용어들을 그대로 쓰고자 하는 경우가 종종 있습니다. 전문 용어들은 해당 분야에서 쓰이는 방식이 국립국어원의 원칙과는 된소리 표기나 띄어쓰기 등에서 차이가 나는 경우가 적지 않습니다. 그래도 편집자들은 어린이·청소년책의 특수성을 들어 교정 교열의 원칙을 설명하고 설득합니다. 어린이·청소년책을 쓸 때는 이런 사정을 미리 고려하면 좋습니다.

올바른 국어 생활을 위해

교정 교열을 할 때 국립국어원의 표기 원칙 외에 저를 비롯해 여러 어린이·청소년책 편집자들이 고려하는 요소가 한 가지 더 있습니다. 이는 과학이든 철학이든 분야를 불문하고 모든 어린이·청소년책에 공히 적용하는 대원칙 같은 것입니다.

"모든 어린이·청소년책은 올바른 국어 교육의 역사적 사명을 띠고 있다."

성인책은 이런 의무감에서 비교적 자유로운 편입니다. 예컨대 문맥상 부득이 비속어나 유행어들을 활용하거나 혹은 신조어를 언급해야 할 때 이런 표현이 독자들의 올바른 국어 생활에 해를 끼치는 것은 아닐까 하는 점을 깊이 염려하는 사람은 그리 많지 않습니다. 그보다는 책의 품위나 그 표현의 효용성에 더 몰두하지요.

하지만 어린이·청소년책은 조금 다릅니다. 모든 책은 그 자체로 교육적 효과, 특히 국어 교육의 효과를 고려해야 합니다. 독자들이 아직 국어를 익히는 단계에 있기 때문입니다. 문학이나 국어 분야의 책이 아니라 미술책이나 과학책이어도 마찬가지입니다. 올바른 국어를 제대로 사용하고 있는지 끊임없이 점검해야 합니다.

단지 비속어를 걸러 내는 차원을 넘어 학계에서 제시된 새로운 표현이 있다면 적극적으로 알리고, 정치적으로 보다 올바른 단어를 골라 열심히 노출해 보면 좋습니다. 청소년은 미래 세대이므로, 좀 더 나은 표현을 전하는 것은 더 나은 미래를 위한 준비 작업이라고 할 수 있지요. 어린이·청소년책에서 불필요하게 긴 문장을 나누고 줄이는 과정, 난해한 표현들을 쉽게 바꾸는 과정은 일차적으로는 책의 가독성을 높이기 위함이지만, 궁극적으로는 더 나은 국어를 구사하도록 하기 위해서입니다.

이때 조심해야 할 것이 하나 있습니다. **그런 말을 쓰면 안 된다는 메시지를 전할 때조차 그 표현을 노출하는 것을 자제해야 합니다.** 예컨대 최근 사회적으로 문제가 되고 있는 '혐오 표현'들에 대해 그것이 어떤 문제가 있는지 논박하는 책을 상상해 볼까요? 성인책에서라면 글의 설명력을 높이기 위해 '맘충, 틀딱충, 한남' 등의 구체적 어휘들을 사례로 들어 언급할 수 있을 겁니다. (이 책은 청소년책이 아니라 성인책이기 때문에 저는 지금 저 단어들을 그냥 노출하고 있습니다.) 이런 생생한 사례들이 있으면 문제의 심각성을 더 드러낼 수 있지요.

하지만 청소년책에서는 가능한 한 그런 단어를 언급하지 않는 쪽이 좋습니다. 애초에 그런 표현을 몰랐던 독자들에게 공연히 그 단어들을 알려 주는 부수적 효과가 생기기 때문입니다. 그 단어가 왜 나쁜지 설명을 하더라도, 기억에 더욱 강하게 남는 것은 교훈적 메시지보다 혐오 표현 그 자체일 가능성이 매우 높습니다. 수많은 신조어 가운데 어떤 표현이 대중적으로 유행하게 되는 것은 그만큼 각인 효과가 크기 때문일 겁니다. 성인에게 그렇다면 아이들에게도 다를 리 없지요. 책에서 그런 표현들을 쓰다 보면 인권을 말하는 책에서 반인권적인 표현을 학습하고, 성평등을 말하는 책에서 성차별적인 아이디어를 학습할 우려가 있습니다. 이런 학습은 저자의 의도와 관계없이 일어납니다. **독자들이, 저자가 가르쳐 주고자 하는 것만 배울 것이라고 생각하면 곤란합니다.**

이런 이야기를 하면 이렇게 회의하는 이들도 있습니다. "어차피 아이들이 이미 다 쓰고 있는데, 눈 가리고 아웅 할 필요는 없지 않을까요?" 정말 아이들이 다 알까요? 그럴 수도 있지만, 아닌 경우가 훨씬 더 많습니다. 내 주변에 있는 아이들이 다 안다고 해서 전국의 아이들이 다 그러리라는 보장은 없습니다. 또 언론에서 그렇다고 보도한다고 해서 곧이곧대로 믿어서도 안 됩니다. 청소년들을 집이나 학교에서 직접 만나는 일이 드물고 언론을 통해 사건 사고를 중심으로 접하는 경우, 아이들의 상황을 실제보다 더 심각하게 오해할 수 있습니다.

우리의 독자들은 대체로 미디어에서 묘사되는 것

보다 평범합니다. 청소년이 뉴스에서 언급될 때는 대체로 극단적인 사건이 벌어졌을 때입니다. 그런 뉴스를 많이 보다 보면 착시가 일어나 청소년들의 상황을 실제보다 더 나쁘게 인식하기 쉽지요. 그래서 성인 독자에게 하듯 비판의 강도를 높여 가다 보면 자칫 의도치 않게 반교육적인 책이 될 수 있습니다.

설령 아이들이 어떤 혐오 표현들을 거침없이 쓰고 있더라도 성인들처럼 그 말의 의미를 확실히 알고 쓰는 것이 아니라는 점도 고려해야 합니다. 혐오 표현의 뜻을 정확히 알려 주기만 해도 더 이상 그 표현을 쓰지 않는 아이들도 적지 않습니다.

13

{ **내 책은 마케팅 안 하나요?** }

청소년 논픽션을 만들면서 좀 뻔뻔한(?) 습관이 하나 생겼습니다. 출판사에서 진행한 마케팅에 대해 저자에게 자잘한 생색을 내는 것입니다. '책이 어느 포털 사이트 메인 화면에 노출되었다', '어느 온라인 서점에서 며칠부터 이벤트를 시작한다' 같은 비교적 눈에 띄는 소식은 물론이거니와 저자가 잘 모를 것 같은 매체에 실린 작은 단신까지 기회가 되면 저자에게 알려 주려고 합니다. 책을 일단 인쇄하고 나면 출판사가 알아서 잘하겠거니 생각하는 저자도 있지만, 내 책을 잘 홍보하고 있는지 궁금해하는 저자들도 있습니다. 그런 저자들에게는 가능한 여러 가지 소식을 전하려고 노력합니다.

이런 '생색내기'는 성인책을 만들 때도 해 오던 일이지만, 청소년책을 만들면서 더욱 신경 쓰기 시작했습니다. 청소년책 마케팅은 다른 성인 교양서와 달리 '일반 대중'의 눈에 띄기가 어렵기 때문입니다. 앞서 청소년책도 마케팅이 필요한 분야임을 역설했지만, 청소년책의 마케팅 방식은 성인책과는 여러모로 다릅니다. 성인 대중서와 비교할 때 두드러지게 차이 나는 점은 '일반 대중'을 상대로 하는 마케팅이 적다는 것입니다. 그래서 저자 입장에서는 내 책이 마케팅이 잘되고 있는지 체감하기가 어렵지요.

사실 책의 마케팅 채널이란 성인책이라 해도 그리 다양한 편은 아닙니다. 과거에는 신문이나 방송 등 이른바 올드 미디어를 적극적으로 활용했고 광고 효과도 비교적 뚜렷했지만, 지금은 비용 대비 그 효과가 점차 작아져서 활용하는 곳이 줄어들고 있습니다. 그 대신 페이스북이나 인스타그램 같은 뉴미디어들이 새로운 홍보 채널로 부상한 지 꽤 되었는데 이들은 과거의 올드 미디어만큼 집중적인 효과를 내 주지는 않습니다. 출판사 입장에서 보면 페이스북도 해야 하고 인스타그램과 블로그도 해야 하고 포털 사이트에 노출될 이른바 '카드 뉴스'라는 홍보 자료도 만드는 등 할 것은 많은데 그 효과는 어느 것도 확실히 예측할 수 없는 아리송한 상황이지요.

어쨌든 출간 초기에 언론사에 보도 자료와 홍보용 도서들을 보내고, 여러 미디어에 출간 소식을 알리고, 필요하면 신문이나 잡지에 지면 광고를 싣고, 저자 인터뷰를 주선하고, 북콘서트나 저자 사인회를 개최하는 등의 일이 출판사들이 흔히 하는 마케팅 활동입니다. 여기에 더해 온라인 서점에서 이벤트를 열거나 하는 등의 일이 추가되지요. 가끔 동네 서점들과 협업해 '동네 서점 에디션'을 만든다거나 하는 참신한 아이디어가 등장하기도 하지만, 참신한 아이디어들은 대체로 그 규모가 크지 않습니다. 이따금 대통령이나 어느 기업 회장이 재미있게 읽었다고 언급되거나 영화에 등장했다거나 하는 일이 생겨서 갑자기 판매가 확 늘어나기도 하는데 이는 말 그대로 우연히 일어난 이벤트일 뿐, 마케팅 활동의 직접적인 결과라 보기는 어렵습니다.

간단히 썼지만, 이런 마케팅으로 출간 직후에 한동안 인기 있는 저자들은 꽤 분주한 나날을 보냅니다. 편집자 역시 그에 따라 바빠지지요. 책에 따라 다르기는 하지만, 이런저런 미디어를 통해 확인할 수 있으니 출판사의 마케팅 활동들을 알아차릴 수도 있습니다.

그에 비하면 청소년 논픽션 저자들은 출간 직후에도 비교적 조용한 날들을 보냅니다. 성인책에서 인기 있는 저자라도, 청소년책을 내고 나면 대체로 미디어의 반응이 시큰둥합니다. 아주 파격적인 주제가 아닌 한 어떤 사람이 청소년을 위해 이러이러한 책을 썼다는 사실은 주요 일간지에서 큰 뉴스가 못 됩니다. 청소년 논픽션 분야에서는 새로울지 몰라도 도서 시장 전체로 보면 아주 새로운 내용이 아닌 경우가 많기 때문입니다. 어린이·청소년책을 소개하는 신간 코너가 따로 있는 경우에 좀 더 적극적으로 소개되는 정도지요.

청소년 논픽션은 언론사의 인터뷰 요청이 활발하지도 않고, 대중적인 미디어에 광고가 실리는 일도 적습니다. 청소년 독자들을 초대해 북 콘서트 같은 행사를 개최하는 일도 거의 없지요. 그러다 보니 신인 저자들은 물론 책을 몇 권 낸 경험이 있는 저자들도 내 책이 잘 홍보되고 있는지 궁금해합니다.

그렇다고 청소년 논픽션 마케터들이 아무것도 하지 않는 것은 아닙니다. 독자 대상이 '일반인'이 아니라 교사·사서와 청소년이라는 특정한 집단이기 때문에 이들에게 다다를 수 있는 마케팅을 하지요. 학교와 도서관에서 즐겨 보는 매체나 앱에 광고를 싣기도 하고, 어린이 청소년 잡지나 대학생 관련 잡지, 교육 신문에 홍보를 하기도 합니다. 자사의 청소년 도서들만 모아서 3월, 9월 신학기나 방학이 시작될 때 서점과 함께 이벤트를 열기도 합니다. 책으로 할 수 있는 '독후 활동 자료'들을 만들어서 교사나 사서가 활용할 수 있게 돕기도 하지요. 어린이·청소년책을 소개하는 주요 단체나 인플루언서들에게 책을 알리기도 합니다.

청소년책 시장은 '추천 도서 시장'이라고 할 수 있을 만큼 독서 관련 단체나 기관에서 청소년 추천 도서로 선정하는 것이 판매에 큰 영향을 미칩니다. 학교나 도서관 등 청소년책을 많이 구입하는 곳에서 이런 추천 리스트를 많이 참고하기 때문이지요. 그래서 이런 기관이나 단체들이 책 출간 소식을 발견할 수 있도록 책을 알리는 것이 중요합니다.

이런 마케팅은 일반 독자를 대상으로 하는 것이 아니라서 눈에 잘 띄지는 않습니다. 그 효과도 비교적 서서히 나타납니다. 앞서 말했듯 청소년책 시장은 다소 보수적이어서 어느 정도 책에 대한 신뢰가 쌓이기까지 시간이 필요하지요. 그러니 청소년 논픽션 저자라면 출간 직후에 너무 조바심을 낼 필요가 없습니다.

사실 예나 지금이나 가장 효과적인 마케팅은 저자가 발로 뛰는 것입니다. 저자가 인터뷰를 많이 하고, 여기저기에서 강연 활동을 많이 하면서 독자와의 접촉면을 늘리면 그만큼 책의 판매가 활발해집니다. 이 점에서는 청소년책도 다르지 않습니다. 다만 강연 등을 통해 독자들과 만나는 공간이 조금 다를 뿐입니다. 청소년책 저자들은 주로 학교나 도서관, 교육청, 학부모나 교사 모임, 청소년 서점으로부터 강연 요청을 받습니다. 그러다 보니 강연 요청이 전국 단위로 옵니다. "저희 학교가 ○○읍 ○○면에 있는데 여기까지 와 주실 수 있나요? 기차 타고 ○○역에 내리시면 저희가 차로 마중 나갈게요" 같은 요청이 드물지 않지요. 청소년들과 눈을 마주치고 이야기하는 것이 어색하지 않다면, 강연 활동에 의욕을 내 보세요.

청소년책은 실제 독자인 청소년으로부터 직접적인 독서 소감을 듣기 어렵다는 것이 저자로서는 아쉬울 수 있습니다. 그런데 이런 강연을 다니면 독자로부터 가감 없는 소감을 들을 수 있지요. 청소년 소설을 쓴 한 작가는 어느 강연에 갔다가 '시크한' 청소년 독자로부터 이런 짤막한 소감을 듣기도 했습니다.

"그 책 '핵잼'이에요!"

14

{ **청소년책 편집자와 협업하기** }

원고 쓰기와 고치기

원고가 편집자의 손으로 넘어간 뒤에 저자들이 가장 걱정하는 점은 '원고가 내 의도와 다르게 마구 수정되면 어쩌지?' 하는 것일 겁니다. 특히 그 편집자와 처음 작업하는 경우, 혹은 편집자와 작업하는 일 자체가 처음일 경우, 즉 아직 서로 신뢰가 쌓이지 않은 상태일 경우 이런 걱정이 더욱 커집니다.

초고를 쓰고 나면 비문조차 내 마음의 일부 같아서 함부로 고치고 싶지 않은 것이 인지상정이지요. 그런데 다 출판사에 갔던 원고가 엉뚱하게 바뀌어 왔더라 하는

'흉흉한' 소문이 들리니, 편집자를 경계의 눈으로 보게 됩니다. 어쩔 수 없이 편집자를 협력자가 아니라 방해꾼으로 여기게 되지요. 그런 세상의 모든 저자에게 소리 높여 외치고 싶은 말이 있습니다.

"저도 고치고 싶지 않다고요!"

원고에 손끝 하나 대지 않고 출간하는 일은 사실 누구보다도 편집자가 가장 바라는 일입니다. 교정 교열이라는 고된 노동을 안 해도 되는 원고라니, 이렇게 반가운 원고가 또 어디 있을까요! **불가피해서 원고를 매만질 경우, 편집자들은 자칫 '애써 일하고 욕먹는' 딜레마에 처할 수도 있습니다.** 고생고생해서 원고를 다듬어 놓았는데 정작 저자에게 좋은 소리도 듣지 못하고, 심지어 원래 원고대로 해 달라는 요청을 받는다면 얼마나 기운이 빠질까요. 실제로 많은 젊은 편집자들이 이런 딜레마에 빠질 때 직업에 회의를 느끼곤 합니다. 그러니 그런 위험을 감수하면서까지 원고에 '쓸데없이', '제멋대로' 손대는 편집자는 없다고 믿어도 좋습니다. (물론 서툰 편집자, 실수하는 편집자는 있습니다. 그런데 서툰 사람, 실수하는 사람은 어느 직종에나 있잖아요?)

편집자가 수정한 사항들이 저자의 마음에 차지 않을 수는 있습니다. 이유는 여러 가지입니다. 매끈한 표현과 거칠지만 정확한 표현 사이에서 의견이 갈릴 수도 있고, 선호하는 문체가 다를 수도 있지요. 문학이 아닌 교양 원고에서도 '문체'는 종종 갈등의 씨앗이 되곤 합니다. 나에게는 내가 쓴 표현이 늘 더 자연스러워 보이기 마련입니다. 사람마다 자기만의 문체가 있으니까요. 문체란 참 오묘해서 객관적으로 더 나은 표현이라도 '내 스타일'이 아니면 거부감이 들곤 하지요. 이런 점을 잘 알기 때문에 단지 취향을 이유로 수정 제안을 받아들이지 않더라도 편집자들은 대체로 그러려니 합니다. 그러니 원고 수정에 관한 한 편집자에 대한 지나친 경계심은 조금 누그러뜨려도 좋습니다.

문제는 세상에 '손끝 하나 대지 않고' 출간할 수 있는 원고는 거의 없다는 것입니다. '하나도 없다'고 말하고 싶은데 지난 15년간 딱 한 번 보기는 했습니다. 그래서 '거의' 없다고 말해 봅니다. 일단 기본적으로 각 출판사마다 사용하는 약물 표기법이 다르니 그것을 수정해야 하고, 간단한 오탈자나 띄어쓰기도 수정해야 합니다. 우리말은 띄어쓰기가 꽤 복잡해서 어느 인터뷰에서인가 전 국립국어원장조차 띄어쓰기가 자신 없다고 말한 적이 있을 정도지요. 띄어쓰기까지 틀림없는 원고는 거의 없습니다. 그리고 '팩트 체크'를 하고(연도 표기나 단위 표기부터 시작해서 생각보다 많은 사실 관계에서 오류가 발생합니다!) 비문들을 바로잡지요. 때로는 문단 단위에서 순서를 바꾸거나 이동하는 것을 제안하기도 합니다. 글의 구조도 정돈해야 할 때가 있습니다.

비문이나 오탈자를 지적받았다고 해서 너무 민망해할 필요는 없습니다. 그런 실수가 원고에 등장하는 것은 사실 자연스러운, 인간적인 일입니다. 논픽션책의 저자에게 우선순위는 지식의 신뢰성·타당성·정확성에 있기 때문입니다. (물론 '인간적인 범위'를 넘어서서 너무 많으면 좀 곤란하기는 합니다.)

성인책의 경우 교정 교열 작업의 기준이 책마다 달라집니다. 책이 학술서인지 교양서인지, 혹은 경제·경영서인지 인문서인지에 따라서 조금씩 기준을 달리 적용합니다. 당연한 말이지만 학술서에 어려운 용어가 쓰였다고 해서 굳이 쉽게 풀거나 대체하려고 애쓰지는 않지요.

어린이 논픽션은 물론 청소년 논픽션의 경우, 성인 논픽션에 비해 원고 수정의 폭이 큰 편입니다. 무엇보다 원고의 '난도' 때문에 그렇습니다. 청소년 논픽션 전문 저자가 쓴 원고가 아닌 경우, 대체로 초고의 난도는 독자의 기대 수준보다 높습니다. 출판사로서는 어렵게 쓰인 원고를 그대로 출간할 수는 없는 노릇이지요. 독자가 읽지 못하는 책을 낼 수는 없으니까요. 그래서 일차적으로는 난도를 낮추기 위한 원고 수정 작업을 많이 합니다. **틀려서가 아니라 어려워서 표현을 바꿔야 하는 경우가 왕왕 발생하지요.**

경우에 따라서는 편집자가 사실상 리라이팅에 가까울 정도로 개고하기도 합니다. 이 작업은 저자의 스타일에 따라 때로 무척 효율적일 수도 있습니다. 편집자가 문장력이 있고, 저자가 메시지만 온전할 경우 그 내용이 전달되는 문장의 표현에 대해서는 관대하다면 초고보다 훨씬 훌륭한 결과물이 나오기도 하지요. 다른 점은 다 좋은데 오직 난도만이 출간의 장애물일 경우, 편집자와의 협업이 긴요하기도 합니다.

난도가 일차적 과제라면 그다음 과제는 지면 구성입니다. 앞서 청소년책은 부록 구성을 적극적으로 한다고 했는데 바로 그것 때문에 추가 집필이나 원고 수정을 요청하는 일이 잦지요. 요청은 때로 매우 자잘합니다.

"박스 정보에 들어갈 단어 설명 글을 네 줄 정도로 써 주세요."

"본문에서 대표적인 중국 요리들을 소개한 단락을 아예 부록으로 따로 빼서 구성하면 어떨까요?"

"본문에 인용된 아인슈타인의 말이 무척 인상적이어서 일러스트에 넣어 보았어요. 그림으로 상황이 자세히 묘사되고 있으니, 중복되지 않게 본문에서는 그 부분의 글을 조금 더 간단히 정리하는 것이 좋을 듯합니다."

이런 식의 작은 요청이나 제안을 받을 수 있지요. 본문에 있던 한 단락을 부록으로 옮겨 넣거나 혹은 일러스트 안에 넣게 되면 본문의 흐름을 다시 정돈하는 작업이 필요해집니다.

청소년 논픽션 전문 작가가 아니라면 초고에서부터 난도를 딱 맞추고, 일러스트에 대한 아이디어를 내고, 지면 구성까지 깔끔하게 하기가 쉽지 않습니다. 그렇다 보니 초고를 완성한 이후에도 저자는 편집자와 자주 소통하면서 원고를 수정해 나가게 됩니다. 즉 **청소년 논픽션 원고는 난도 조절과 지면 구성이라는 청소년책 특유의 과제 때문에 추가 수정 과정을 거칠 수 있습니다.** 경우에 따라 초고가 꽤 잘 나왔는데도 수정하는 폭이 크다고 느낄 수 있지요. 그래서 청소년책 저자라면 원고 수정에 대해 미리 '열린 마음'을 갖고 있으면 좋습니다. 원고의 완성도를 떠나 '청소년책이기 때문에' 수정하는 일이 발생할 수 있다는 것을 미리 인지하고 있으면 불필요한 오해나 불화를 막을 수 있습니다.

어린이·청소년 논픽션 저자에게는 '원고를 쓰는 능력' 외에 '원고를 수정하는 능력'과 '수정에 대해 소통하는 능력'이 성인책에서보다 더 많이 필요하다 싶을 때가 있습니다. 원고를 '수정하는 폭'이 크다는 것은 그만큼 원고 수정을 두고 저자와 소통할 일이 많다는 뜻이기도 하니까요. 소통할 기회가 많으면 소통이 어그러질 기회도 그만큼 많아지겠지요.

성인책이라면 글이 조금 어렵더라도 저자가 수정을 원치 않으면 편집자가 양보할 수 있는 여지가 있습니다. 그런데 청소년책에서는 그러기가 아무래도 쉽지 않습니다. 읽기 어려운 청소년용 책을 내는 것은 직무 유기에 가까우니까요. 그런데 저자와 소통이 어렵다면? 그것만큼 난감한 일도 없지요.

그러다 보니 어린이 논픽션으로 편집자 생활을 시작하던 시절에는 저자에게 편집 감각이 있으면 참 좋겠다 하는 생각을 자주 했습니다. 그러면 난도를 조정하느라 원고를 고칠 일도 줄고 매번 지면 구성을 해야 하는 수고도 덜 수 있으며 무엇보다 저자와의 소통이 좀 더 부드러워질 것 같았지요. 하지만 경력이 쌓일수록 그것이 부질없는 기대임을 깨닫곤 합니다. 저자는 편집하는 사람이 아니라 글을 쓰는 사람이기 때문입니다. 편집 감각이란, 편집자조차 오랫동안 고민과 훈련을 거치며 쌓아 가야 하는 것이기 때문에 저자에게 편집자만큼의 편집 감각을 기대하기는 어렵습니다.

그래서 이제는 다만 청소년책의 특성에 따른 원고 수정과 지면 계획을 이해하고 적극적으로 협업할 수 있는 저자이기를 기대합니다. 청소년책 원고를 청탁할 예비 필자를 물색할 때도 소통이 얼마나 순조로울지에 관심을 많이 두지요. 소통이 잘된다면 실로 그것만으로도 훌륭한 저자입니다. 앞서 청소년책을 쓰려는 이라면 부록 구성을 고민해 보십사 하는 당부를 남겼는데, 그런 고민을 많이 해 본다면 꼭 그럴듯한 지면을 구상하지는 못하더라도 지면에 대해 편집자와 소통하는 능력만큼은 한층 배가될 것입니다.

물론 소통이 중요하다고 해서 '예스 맨', '예스 우먼'을 기대하는 것은 아닙니다. 편집자의 제안 가운데 원치 않는 내용이 있을 경우 '싫다'는 말을 꺼내는 데에 주저할 필요는 없습니다. 소통이란 반드시 긍정적 신호만 보내는 것이 아니니까요. '터놓고 솔직하게' 이야기하는 것이 무엇보다 중요하지요.

편집자들이 일을 시작할 때 가장 먼저 배우는 편집 원칙 중의 하나가 '책은 저자의 것'이라는 것입니다. **편**

집자와 저자가 의견이 다를 때, 어떻게 해도 좁혀지지 않는 경우 편집자들은 최후에는 저자의 손을 들어 줍니다. 책은 저자의 것이기 때문입니다. 그래서 책을 만드는 도중에 편집자가 하는 모든 제안은 액면 그대로 '제안'일 뿐입니다. 제안을 받아들일지 여부에 있어서는 저자의 의지가 가장 중요하고, 그래서 더욱 소통 능력이 필요합니다.

기획 제안하기

청소년 논픽션의 경우 기획 단계부터 편집자와 논의하는 것이 효율적일 수 있습니다. 끝까지 써 볼 만한 주제인지, 내가 생각한 방향으로 계속 써 나가도 좋을지, 쓰면서 고려해야 할 요소가 없을지 등에 대해서 편집자와 미리 협의하면 시행착오를 줄일 수 있지요. 그런데 여기서 '기획 단계'란 어떤 단계를 말할까요?

키워드 한두 개만으로 기획이 시작되는 일도 왕왕 있지만 **정석대로 한다면 '기획 단계'란 기획의 '3종 세트', 즉 콘셉트와 목차, 샘플 원고를 갖추는 단계를 말합니다.** 어린이, 청소년, 성인의 분야를 막론하고 논픽션은 이 단계에서 사실상 많은 것이 판가름납니다. 노련한 편집자들은 이 단계에서 이미 표지와 책 제목과 보도 자료 내용까지 얼추 구상하지요. (그게 구상되지 않으면 좋은 기획이 아니라는 뜻이니 그런 기획은 잘 진척되지 않을 겁니다.)

이 3종 세트는 저자와 출판사가 어떤 책을 낼 것인지에 대해 합의하고 약속하는 밑바탕이라고 할 수 있습니다. 이미 다 쓴 완성 원고를 두고 계약하는 것이 아니라면, 대체로 출판 계약이란 '물건'이 없는 상태에서 그 '물건'에 대해 계약하는 일입니다. 문학이라면 '김소설 씨의 신작 장편소설'을 계약할 때 줄거리를 일일이 합의하지는 않습니다. 하지만 교양서라면 '김교양 씨의 신작 교양서'라는 것만으로는 부족합니다. 어떤 콘셉트의 책을 어떤 목차로, 어떤 문장 스타일로 쓸 것인지를 서로 미리 협의할 필요가 있습니다. 우리가 앞으로 만들 책이 어떤 책인지에 대해 서로 머릿속에 같은 그림을 그리기 위해서지요. 그래서 출간 논의를 할 때 이 3종 세트가 꼭 필요합니다.

이 3종 세트가 얼추 갖추어졌다면, 과감하게 출판사의 문을 두드려 보아도 좋습니다. 앞서 말했듯 청소년책은 지면을 다채롭게 구성하는 데다 청소년책만의 몇 가지 특징도 반영해야 하니 이런 방면의 경험이 많은 편집자들이 쓸모 있는 조언을 건넬 수도 있습니다.

물론 내가 어떤 글을 쓸지는 사실 써 보아야 알 수 있습니다. 처음에 설계한 목차대로 끝까지 써지지 않을 수도 있지요. 특히 책을 처음 쓰는 이라면 더욱 그렇습니다. 내 손에서 어떤 글이 나올지 궁금한 상태라면 기획 단계가 아니라 초고를 먼저 완성한 뒤에 출판사를 찾아가도 늦지 않습니다.

청소년 논픽션을 기획할 때에 한 가지 염두에 두면 좋은 것이 있습니다. 다 그런 것은 아니지만 책을 작게, 소박하게 구상하는 저자들이 간혹 있습니다. 청소년책은 우선 책 자체의 판형이며 볼륨이 성인책에 비해 대체로 작기 때문에 책이 작게 느껴져서 그럴 수 있습니다(다 그런 건 아니지만 성인책들은 볼륨이 작을 경우 그만큼 작고 세부적인 주제를 다루는 경우가 많지요). 또 청소년들에게 거창한 이야기를 하는 것을 어쩐지 어색하게 느끼기도 합니다.

하지만 청소년 논픽션들은 사이즈가 작더라도 대체로 큼직큼직한 주제를 다룹니다. 저 역시 청소년책을 만들면서 주제의 규모를 키우자고 제안한 적이 여러 번 있습니다. 책을 필요 이상으로 폼 나게 포장하고 싶어서가 아니라, 독자에게 '지적 포만감'을 주기 위해서입니다. 책 한 권을 읽는 것은 누구에게든 힘든 일이니 그런 일을 완수한 뒤에는 지적인 포만감을 얻을 수 있어야 해요. 그런 경험이 없다면 점점 책과 멀어지기 쉽지요. 그래서 물리적으로는 작더라도 포만감은 큰 책을 구상할 필요가 있습니다.

이는 책을 읽는 독자에게 단지 몇 가지 지식을 줄 것인가, 아니면 그런 지식들을 통해 그 분야를 보는 시야를 길러 줄 것인가와도 관련이 있습니다. 앞서 말했듯 청소년책은 청소년들이 그 분야에 대해 처음 읽는 책이 될 가능성이 매우 높은데, 이런 책에서 단지 몇 가지 지식만 전해 주는 것은 무언가 부족해 보입니다. 예컨대 지구상에 가난한 나라들은 어디에 있으며 그 나라 사람들이 겪는 가난의 고통은 어떠한지, 그들을 어떻게 도울 수 있는지에 대한 글을 쓴다고 생각해 보지요. 이 글을 통해 독자에게 전달해야 할 것은 단지 세상에 있는 가난한 사람들에 관한 몇 가지 지식일까요? 아니면 빈곤을 보는 시야와 비판적 태도, 나아가 인류애를 기르는 것일까요? 교양서가 지향하는 것은 대체로 후자입니다. 지식이 단지 지엽적인 사실에 그치지 않고, 세상을 보는 시야를 확보하는 데에 도움이 되도록 하는 것이지요.

이런 작업도 억지로 하려 한다고 잘되지는 않습니

다. 처음 기획할 때부터 이를 염두에 두고 자료를 모으고 글의 구조를 세워야 하지요. 특히 작아지기 쉬운 청소년책에서는 이런 방향으로 책의 '사이즈'를 고려하는 작업이 긴요합니다. 이런 사이즈 조절이 어색할 때에도, 작은 판형과 얇은 책장 사이에서 자꾸만 작아지려 하는 (?) 자신을 발견할 때에도 편집자와 논의하면 좋습니다. 경험이 많은 편집자들은 책의 판형과 상관없이 원고에 맞는 사이즈를 찾아내는 작업에 익숙하지요.

이미지 요소들

청소년 논픽션 원고를 쓸 때는 이미지 요소에 대해서도 틈틈이 고민하면 좋습니다. 여기서 이미지 요소란 책에 들어가는 텍스트 외의 요소들, 즉 일러스트나 사진 등의 시각 자료를 말합니다. 논픽션에는 꼭 청소년책이 아니더라도 다양한 시각 자료가 들어가게 마련입니다. 역사책이라면 사적지라든가 역사적 인물, 유물 등에 관한 사진들이 있을 테고, 미술책이라면 화가의 초상화나 작품 등이 있겠지요. 부가적인 재미나 정보 제공을 위해 넣는 일러스트나 만화도 주요한 이미지 요소입니다. 때로는 분위기 환기를 위한 사진이나 장식적인 패턴 등의 꾸밈 요소가 들어가기도 합니다.

앞서 말했듯 청소년책에서는 이런 요소들을 더 열심히 활용합니다. 그것이 내용 이해에 도움을 주기도 하고, 긴 텍스트를 읽어 나가는 피로감도 줄여 주기 때문입니다. 계획에 없던 일러스트나 만화 등을 편집자들이 먼저 기획해 제안하는 경우도 잦은데 대체로 그런 효과를 기대해서입니다. 그런데 유물 사진이나 미술 작품처럼 원고와 밀접한 시각 자료들, 이미지에 대한 감식안이 필요한 자료들을 많이 확보하려면 편집자보다는 저자의 노력이 더욱 긴요합니다. 저자가 얼마나 이미지 자료를 기획하고 확보에 노력을 기울이느냐에 따라 책의 완성도가 달라지지요.

이에 대해 가끔 오해하는 저자들이 있습니다. 저자는 텍스트만 담당하고, 이미지 요소는 편집자나 출판사에서 담당하는 것 아닌가 하고요. 간단한 시각 자료의 경우 편집자들이 알아서 척척 넣는 경우가 많다 보니 이런 오해가 생겼습니다. 원칙적으로 저자는 책에 들어가는 모든 내용을 책임지는 사람입니다. 흔히 출판 계약서에 '완성 원고'를 언제까지 넘긴다는 식의 조항이 있는데, 여기서 말하는 '완성 원고'란 텍스트만이 아니라 시각 자료를 포함해 책에 들어가는 모든 것의 최종 버전이라고 할 수 있습니다. 즉 **원고란 본문 텍스트만이 아니라 사진 등의 시각 자료, 그리고 그 시각 자료에 들어가는 캡션까지 다 포함하는 것이지요.**

이는 '사전적 정의'이기도 합니다. 표준국어대사전을 찾아보면 '원고'란 '인쇄하거나 발표하기 위하여 쓴 글이나 그림 따위'라고 정의되어 있습니다. 이 사전적 정의를 인식해서인지는 모르겠지만 실제로 사진작가들은 출판사에 보내는 사진들을 '원고'라고 부릅니다. 처음 편집자 일을 시작할 때 사진작가들이 사진을 '원고'라고 부르는 것을 보고 무척 신기해했던 기억이 납니다. 그러면서 저 역시 '원고'란 반드시 텍스트만을 일컫는 것이 아니라는 점을 이해했지요.

저자에게 사진을 찾아올 의무를 상기시키기 위해 사전적 정의까지 동원하는 것은 아닙니다. 다만 청소년 논픽션에서는 비주얼 요소가 특히 중요하다는 점을 한 번 더 강조해 봅니다. 편집자는 해당 분야의 전문가가 아니니 좋은 시각 자료를 확보하는 데에 한계가 있습니다. 저자들이 시각 자료들에 신경을 쓸수록 멋진 책이 나오지요.

출간 시점

청소년 논픽션은 출간 시점에 대해서도 조금 다른 제안을 받게 될 겁니다. 성인책 중에는 출간 시점이 중요한 책들이 있습니다. 오늘날 한국의 정당 지형을 분석했다거나 정치적 리더십에 대한 책이어서 총선 전에 꼭 나와야 하는 책, 어느 과학자의 탄생 100주년인 달에 맞추어 반드시 나와야 하는 책처럼 '타이밍'이 중요한 책들이 꽤 있습니다. 이른바 '시의성'이 있는 책들이지요. 성인 교양서나 사회과학책 중에는 각각 그 나름의 시의성을 가진 책들이 적지 않아서 출간 타이밍을 놓칠세라 신경을 곤두세우다 보면 기획할 때부터 출간 전까지 사실상 계속 '마감 모드'가 되곤 합니다.

청소년 논픽션 중에는 타이밍이 크게 중요한 책은 비교적 적은 편이고, 주로 학교생활 리듬을 고려하곤 합니다. 개학이 있는 3월과 9월, 여름 방학과 겨울 방학, 수능 전후처럼 학생들의 생활 리듬과 공부 리듬이 크게 바뀌는 시점들을 생각하지요(어린이책이라면 여기에 '어린이날'이 있는 5월이 추가됩니다). 이런 리듬이 출간에 결정적인 변수는 아니지만 출간 시점을 정할 때 늘 고려하게 되는 요소이니 이에 대해서도 마음을 열고 논의하면 좋습니다.

　책을 마치며 마지막 인사를 대신해 가슴속 깊이 간직한(!) 소망을 하나 내비쳐 봅니다. "선배는 안식처가 누구예요?" 언젠가 후배 편집자가 저에게 농담 삼아 이런 질문을 던진 적이 있습니다. 제가 함께하는 작가 중 독촉하지 않아도 때 되면 척척 원고를 보내오고, 보내온 원고는 재미있는 것은 물론 손댈 데 없이 말끔하고, 무엇보다 출간까지 소통이 물 흐르듯 순탄해서 다른 책 작업에서 받은 상처까지 어루만져 주는 저자가 누구인지를 묻는 것입니다. 그런 저자가 한 사람이라도 있다면 편집자의 삶의 질은 크게 높아지니, 그들은 정말이지 '마음의 안식처'와 같은 존재입니다. 책을 만드는 일이란 결국 저자와의 관계를 쌓아 나가는 일인데 이 관계라는 것만큼 편집자에게 풀기 어려운 과제도 없거든요. 모든 저자가 안식처가 되는 그런 날은 언제 올까요?

청소년책 쓰는 법

: 쉽게 쓰기가 가장 어려운 당신에게 보내는 원고 청탁서

2020년 6월 14일 초판 1쇄 발행

지은이
김선아

펴낸이	**펴낸곳**	**등록**	
조성웅	도서출판 유유	제406-2010-000032호(2010년 4월 2일)	
	주소		
	경기도 파주시 책향기로 337, 301-704 (우편번호 10884)		
전화	**팩스**	**홈페이지**	**전자우편**
031-957-6869	0303-3444-4645	uupress.co.kr	uupress@gmail.com
	페이스북	**트위터**	**인스타그램**
	facebook.com /uupress	twitter.com /uu_press	instagram.com /uupress
편집	**디자인**	**마케팅**	
사공영, 김정희	이기준	송세영	
제작	**인쇄**	**제책**	**물류**
제이오	(주)민언프린텍	(주)정문바인텍	책과일터

ISBN 979-11-89683-41-2 04080
　　　979-11-85152-36-3 (세트)

이 도서의 국립중앙도서관 출판예정도서목록(CIP)은 서지정보유통지원시스템
홈페이지(seoji.nl.go.kr)와 국가자료공동목록시스템(nl.go.kr/kolisnet)에서
이용하실 수 있습니다.(CIP제어번호: CIP2020021822)